Les Éditions du Boréal
4447, rue Saint-Denis
Montréal (Québec) H2J 2L2
www.editionsboreal.qc.ca

Comptes et Légendes

DU MÊME AUTEUR
EN LANGUE FRANÇAISE

Faire surface, L'Étincelle/Grasset, 1978 ; Le Serpent à Plumes, 1994 ; Robert Laffont, 2007.

L'Œuf de barbe-bleue, Libre expression, 1979.

Lady Oracle, L'Étincelle, 1980 ; Autrement, 1997.

La Vie avant l'homme, Robert Laffont, 1981.

Marquée au corps, Quinze, 1983.

La Femme comestible, Quinze, 1984 ; Robert Laffont, 2008.

Les Danseuses, Quinze, 1986.

Meurtre dans la nuit, Éditions du Remue-ménage, 1987.

Œil-de-Chat, Robert Laffont, 1990.

La Voleuse d'hommes, Robert Laffont, 1994.

Politique de pouvoir, L'Hexagone, 1995.

La Troisième Main, La Pleine Lune, 1995 ; Le Serpent à Plumes, 1996 (sous le titre *La petite poule rouge vide son cœur*).

Mort en lisière, Robert Laffont, 1996.

Deux sollicitudes, entretiens avec Victor Lévy-Beaulieu, Éditions Trois-Pistoles, 1996.

Captive, Robert Laffont, 1998.

Le Cercle vicieux, Éditions du Noroît, 1999.

Le Tueur aveugle, Robert Laffont, 2002.

La Servante écarlate, Robert Laffont, 2005.

Le Dernier Homme, Robert Laffont, 2005.

Matin dans la maison assassinée, Autre temps, 2005.

L'Odyssée de Pénélope, Boréal/Flammarion, 2005.

Cibles mouvantes, Boréal, 2006.

Margaret Atwood

Comptes et Légendes

La dette et la face cachée de la richesse

traduit de l'anglais (Canada)
par Lori Saint-Martin et Paul Gagné

Boréal

Ce livre est paru à l'origine dans le cadre des conférences Massey présentées par le réseau CBC, le Massey College de l'Université de Toronto et House of Anansi Press. Ce cycle de conférences, créé en l'honneur du très honorable Vincent Massey, ancien gouverneur général du Canada, a été inauguré en 1961 pour permettre à des sommités de communiquer les résultats de recherches ou de réflexions originales sur des sujets d'actualité.

La traduction de cet ouvrage a été rendue possible grâce à une aide financière du Conseil des Arts du Canada.

Les Éditions du Boréal reconnaissent l'aide financière du gouvernement du Canada par l'entremise du Programme d'aide au développement de l'industrie de l'édition (PADIÉ).

Les Éditions du Boréal sont inscrites au programme d'aide aux entreprises du livre et de l'édition spécialisée de la SODEC et bénéficient du programme de crédit d'impôt pour l'édition de livres du gouvernement du Québec.

Couverture : Anansi Press et les Éditions du Boréal.

Diffusion au Canada : Dimedia

L'édition originale de cet ouvrage a été publiée en 2008 par House of Anansi Press sous le titre *Payback: Debt and the Shadow Side of Wealth*.

Catalogage avant publication de Bibliothèque et Archives nationales du Québec et Bibliothèque et Archives Canada

Atwood, Margaret, 1939-

    Comptes et légendes : la dette et la face cachée de la richesse

    Traduction de : Payback.

    Comprend des réf. bibliogr.

    ISBN 978-2-7646-0656-8

    1. Dettes – Aspect social. 2. Dettes dans la littérature. I. Titre.

HG3701.A7814   2009   332.024'02   C2009-940505-9

Pour Graeme et Jess,
et Matthew et Graeme le jeune.

UN

Balances anciennes

Le jour de son vingt et unième anniversaire, le naturaliste canadien Ernest Thompson Seton reçut de son père une facture d'un genre bien particulier. C'était un relevé de toutes les dépenses liées à son enfance et à sa jeunesse, y compris les honoraires du médecin qui l'avait mis au monde. Plus curieux encore, Ernest aurait payé. J'ai toujours cru que M. Seton père était un imbécile, mais je n'en suis plus si certaine. Et s'il était — en principe — dans le vrai ? Du simple fait d'exister, devons-nous quelque chose à quelqu'un ? Si cela était, que devons-nous, et à qui ? Et comment devons-nous rembourser ?

Le moteur du présent livre, c'est la curiosité — la mienne — ainsi que l'espoir que je caresse d'explorer par l'écriture un sujet que je connais mal, mais qui, pour cette raison même, m'intrigue. Ce sujet, c'est la dette.

Mon livre ne parle ni de la gestion de la dette, ni de la dette de sommeil, ni de la dette nationale, ni de l'administration du budget mensuel des particuliers, ni des avantages de l'endettement (qui vous permet d'emprunter pour investir et ainsi de faire fructifier votre capital), ni des accros du shopping et du moyen de déterminer si vous êtes du nombre : les librairies et Internet regorgent de ressources de ce genre.

Les pages qui suivent ne portent pas non plus — même s'il en sera peut-être question au passage — sur des dettes plus sordides : les dettes de jeu et les vendettas mafieuses, ou les mélodrames dans lesquels des créanciers se triturent la moustache et invoquent le loyer en retard pour forcer de splendides jeunes femmes à coucher avec eux. Le présent livre a plutôt pour objet la dette comme construction humaine, et donc comme construction imaginaire, laquelle reflète et amplifie des peurs insondables et des appétits voraces, aussi humains les uns que les autres.

Les écrivains écrivent sur ce qui les inquiète, affirme Alistair MacLeod. Et sur ce qui les intrigue, me permettrai-je d'ajouter. Le sujet du présent livre est l'un des plus inquiétants et des plus curieux que je connaisse, soit le carrefour où l'argent, les récits et la croyance religieuse se croisent, parfois avec une force explosive.

Les questions qui nous intriguent à l'âge adulte nous tracassaient déjà lorsque nous étions enfants, du moins si j'en juge par mon expérience. Dans la société où j'ai grandi, à la fin des années 1940, il y avait trois sujets tabous. Le premier était l'argent, en particulier le salaire que touchait chacun. Le deuxième était la religion : quiconque amorçait une conversation à ce propos risquait l'Inquisition espagnole, ou pis encore. Le troisième était le sexe. Or, comme je suis issue d'une famille de biologistes, je n'avais qu'à feuilleter les livres qui traînaient à la maison pour assouvir ma curiosité à propos des mœurs sexuelles, du moins celles des insectes : les ovipositeurs n'avaient pas de secrets pour moi. Dans mon cas, la fascination des enfants pour l'interdit se concentrait donc sur les deux autres sujets tabous : les finances et la religion.

Au début, les deux catégories me semblaient distinctes : d'un côté, les questions divines, par définition invisibles ; de l'autre, celles relatives à César, par trop matérielles. Ces dernières prenaient la forme de veaux d'or, lesquels ne couraient pas les rues de Toronto, à l'époque, et de l'argent, dont l'amour effréné était la racine de tous les maux. Par ailleurs, il y avait oncle Picsou, personnage de bande dessinée — dont j'étais lectrice avide —, milliardaire coléreux, avare et souvent retors, modelé sur le célèbre grippe-sou repenti de Charles Dickens, Ebenezer Scrooge. Oncle Picsou, en bon ploutocrate, avait un énorme coffre rempli de pièces d'or dans lequel ses trois petits-neveux canards et lui batifolaient, comme dans une piscine. L'argent, pour oncle Picsou et les jeunes triplés, était non pas la racine de tous les maux, mais simplement un jouet amusant. Où se situait donc la vérité ?

Les enfants des années 1940 avaient en général un peu d'argent de poche. Sans en parler ni y porter un amour exagéré, nous devions apprendre à bien l'administrer dès notre plus jeune âge. À huit ans, j'ai occupé mon premier emploi rémunéré. Bien qu'à une échelle plus restreinte, l'argent m'était déjà familier ; je recevais en effet une allocation de cinq cents par semaine, somme qui, à l'époque, causait beaucoup plus de caries qu'aujourd'hui. Quant aux sous que je ne dilapidais pas en bonbons, je les conservais dans une boîte en métal qui avait auparavant renfermé du thé Lipton. La boîte en question était ornée de motifs indiens aux couleurs vives : un éléphant, une opulente femme voilée, des hommes enturbannés, des temples et des dômes, des palmiers et un ciel d'un bleu impossible. Il y avait des feuilles d'un côté de la pièce de monnaie et une tête de roi de l'autre, et je les classais selon leur rareté et leur beauté : le roi George VI, monarque en titre, était monnaie courante et occupait par conséquent le bas de mon petit palmarès snob, surtout qu'il n'avait ni moustache ni barbe ; mais il y avait encore en circulation quelques pièces à l'effigie de George V, plus velu, et même une ou deux à celle d'Édouard VII, au visage littéralement mangé par les poils.

Je savais que ces pièces pouvaient être échangées contre des biens, des cornets de crème glacée, par exemple, mais je ne les jugeais pas supérieures aux autres devises utilisées par les enfants : cartes d'avions (comme on en trouvait dans les paquets de cigarettes), bouchons de bouteilles de lait, albums de bandes dessinées et billes de verre en tous genres. Dans chaque catégorie, le principe était toujours le même : la valeur de l'objet augmentait en fonction de sa beauté et de sa rareté. C'étaient les enfants eux-mêmes qui déterminaient le taux de change, ce qui n'allait pas sans d'âpres marchandages.

Tout a changé le jour où j'ai commencé à travailler. Le boulot, qui me rapportait vingt-cinq cents l'heure — une petite fortune ! —, consistait à promener un bébé en landau dans la neige. Pour toucher mon salaire, je n'avais qu'à ramener le bébé vivant et gelé à l'intérieur des limites du raisonnable. À partir de ce moment, les pièces de un cent ont toutes eu la même valeur, peu importe la tête qui y figurait. D'où une leçon primordiale : dans le domaine de la haute finance, les considérations esthétiques sont, hélas, vite mises au rancart.

Comme je gagnais beaucoup d'argent, il me fallait, m'a-t-on informée, un compte en banque : je suis donc passée de la boîte de thé Lipton au carnet rouge. La différence entre les pièces à l'effigie des rois et les billes, les albums de bandes dessinées, les bouchons de bouteilles de lait et les cartes d'avions m'est alors apparue clairement : la banque n'acceptait pas les billes. On vous encourageait malgré tout à apporter votre argent dans ce lieu, où il était gardé en sécurité. Lorsque j'avais accumulé une somme dangereuse — mettons un dollar —, je me rendais à la banque, où un caissier à l'aspect intimidant inscrivait le montant à l'aide d'une plume.

De temps à autre, une somme supplémentaire apparaissait dans mon carnet rouge — une somme que je n'y avais pas déposée. C'était, m'a-t-on expliqué, les « intérêts », et je les avais « gagnés » simplement en confiant mon argent à la banque. Mystère. Certes, je trouvais bien intéressant d'avoir plus d'argent — d'où sans doute le mot « intérêt » —, mais je savais que je n'avais pas vraiment gagné cet argent, étant donné que je n'avais pas promené dans la neige de bébé appartenant à la banque. D'où venaient ces étranges sommes ? Sans doute du lieu imaginaire d'où émanaient les pièces de cinq cents laissées par la petite souris en échange des dents de lait tombées : royaume immatériel inventé de toutes pièces par de bonnes âmes, fable à laquelle nous devions faire semblant de croire si nous voulions profiter de la combine voulant qu'une dent vaille précisément cinq cents.

Cependant, les pièces de cinq cents glissées sous l'oreiller étaient bien réelles. Les intérêts de la banque aussi, car il était possible de les encaisser et de les reconvertir en pièces de un cent et donc en bonbons et en cornets de crème glacée. Mais comment une fiction pouvait-elle accoucher d'objets réels ? Les contes comme *Peter Pan* m'avaient appris qu'il suffisait de ne plus croire aux fées pour qu'elles meurent : si je cessais de croire aux banques, mourraient-elles, elles aussi ? Les adultes affirmaient que les fées étaient irréelles et les banques réelles. Mais disaient-ils vrai ?

Ainsi a débuté ma perplexité en matière de finances. Elle ne m'a jamais quittée.

Au cours des cinq dernières décennies, j'ai passé beaucoup de temps dans les transports en commun. Je lis toujours les pubs. Dans les années 1950, les pubs de gaines et de soutiens-gorge abondaient, comme celles de désodorisants et de rince-bouches. De nos jours, elles ont disparu au profit de pubs relatives à des maladies — problèmes cardiaques, arthrite, diabète et le reste —, aux moyens d'arrêter de fumer, aux séries télévisées qui mettent invariablement en vedette une ou deux femmes à l'allure de déesses (à moins qu'il ne s'agisse en réalité d'annonces de teintures pour les cheveux et de crèmes pour la peau) ou encore aux organismes de lutte contre la dépendance aux jeux de hasard. Sans oublier les pubs — très nombreuses, celles-là — des services qui concernent l'endettement.

Sur l'une d'elles, on voit une femme au sourire radieux en

compagnie d'un jeune enfant. La légende se lit comme suit : « À présent, je maîtrise la situation… Finis les appels des agences de recouvrement. » « L'argent n'achète pas le bonheur ? Foutaise ! La dette se gère », proclame une autre. « Il y a une vie après l'endettement ! » pépie une troisième. « Il est possible de vivre heureux jusqu'à la fin des temps ! » roucoule une quatrième à l'intention des amateurs de contes de fées qui glissent leurs factures sous le tapis et font comme s'ils les avaient payées. « On vous pourchasse ? » demande une cinquième, menaçante, à l'arrière d'un autobus. Ces services promettent non pas de faire disparaître vos dettes comme par magie, mais bien de vous aider à les consolider et à les rembourser petit à petit, de même qu'à briser les habitudes de consommation qui vous ont mis dans l'embarras.

Pourquoi ces publicités sont-elles si nombreuses ? Parce que le nombre de personnes endettées atteint des sommets ? C'est tout à fait possible.

Dans les années 1950, à l'ère des gaines et des désodorisants, les annonceurs étaient de toute évidence convaincus que la plus grave source d'angoisse était le corps : les chairs qui se répandent, tout en dégageant une odeur abominable. Comme votre corps menaçait de vous trahir, vous deviez le maîtriser. Sinon, il risquait de faire sentir sa présence, de vous couvrir d'une honte si profonde et si intimement mêlée au sexe qu'on ne pouvait même pas l'évoquer dans les transports en commun. Aujourd'hui, les choses ont beaucoup changé. Les prouesses sexuelles, qui font partie intégrante de l'industrie du divertissement, ne sont plus source de blâme ni de culpabilité, et votre corps n'est plus votre principale cause d'angoisse, sauf s'il est atteint de l'une des maladies dont il est si abondamment question dans les publicités. L'inquiétude vient plutôt de votre « passif » financier.

Non sans raison d'ailleurs. La première carte de crédit a vu le jour dans les années 1950. En 1955, le ratio d'endettement du ménage canadien moyen était de 55 % du revenu annuel ;

en 2003, il était passé à 105,2 %. Il a encore augmenté depuis. Aux États-Unis, ce ratio était de 114 % en 2004. En d'autres termes, de très nombreuses personnes dépensent plus qu'elles ne gagnent. Il en va de même pour quantité de gouvernements nationaux.

Sur le plan microéconomique, un ami me parle d'une véritable épidémie d'endettement chez les jeunes de dix-huit ans et plus, en particulier les étudiants d'université : ciblés par les émetteurs de cartes de crédit, ils dépensent le montant maximal, sans prendre le temps de réfléchir aux conséquences, et se trouvent bientôt aux prises avec des dettes qu'ils ne peuvent pas rembourser, à des taux d'intérêt très élevés. Comme les neurologues nous apprennent que le cerveau de l'adolescent, foncièrement différent de celui de l'adulte, n'est pas vraiment capable de comprendre les conséquences à long terme de l'offre « achetez aujourd'hui, payez plus tard », on devrait en venir à la conclusion qu'il s'agit d'une forme d'exploitation.

À l'autre bout du spectre, le monde financier vit aujourd'hui le douloureux effondrement d'un mécanisme appelé « prêts hypothécaires à haut risque », régime pyramidal que la plupart des gens ne comprennent pas très bien, mais qui, au fond, revient à ceci : certaines grandes institutions financières, après avoir accordé des prêts hypothécaires à des personnes totalement incapables d'assumer les versements mensuels, ont coiffé ces mauvaises créances de titres ronflants et les ont vendues à d'autres institutions et à des fonds spéculatifs, qui ont cru qu'elles valaient quelque chose. Bref, c'est l'équivalent des cartes de crédit offertes aux jeunes, mais à une échelle beaucoup plus grande.

Une amie américaine m'écrit : « Il n'y a pas si longtemps, j'étais cliente de trois banques et d'une société de prêts hypothécaires. La banque numéro 1 a acheté les deux autres et s'efforce d'acquérir la société de prêts hypothécaires, qui est en faillite. Ce matin, on révèle cependant que la banque survivante est également en sérieuse difficulté. Elle tente de renégocier l'achat de la société de prêts hypothécaires. Première question : si vous êtes au bord de la faillite, pourquoi acheter une société dont l'insolvabilité fait la une des journaux ? Deuxième question : si tous les prêteurs font faillite, les emprunteurs seront-ils exonérés de leurs dettes ? Tu n'as pas idée de la détresse de l'Américain accro au crédit. Si je comprends bien, des quartiers entiers du Midwest ressemblent à ceux de ma ville natale : des maisons vides assaillies par les plantes grimpantes, l'herbe qui vous arrive aux genoux et pas de propriétaires déclarés. C'est la chute : nous récoltons ce que nous avons semé. »

Malgré les séduisantes résonances bibliques d'une telle conclusion, on reste perplexe. Pourquoi cette situation ? Comment s'explique-t-elle ? La réponse que j'entends souvent — la « cupidité » — est peut-être exacte, mais elle ne révèle pas les causes profondes du phénomène. Quel est donc ce « crédit » qui nous mine ? Comme l'air, il nous entoure, et nous n'y pensons que lorsqu'il vient à manquer. Il ne fait aucun doute que nous considérons désormais l'endettement comme essentiel à notre bien-être collectif. Lorsque la situation est au beau fixe, il nous porte comme un ballon gonflé à l'hélium ; nous nous élevons de plus en plus haut, et le ballon grossit jusqu'à ce que, pouf ! un rabat-joie y plante une aiguille, et c'est la dégringolade. Quelle est la nature de l'aiguille en question ? Un autre de mes amis avait l'habitude de dire que les avions s'élèvent dans les airs uniquement parce que les passagers — au mépris du bon sens — les en croient capables : sans l'illusion collective qui les porte, ils s'écraseraient aussitôt. En va-t-il de même pour le crédit ?

En d'autres termes, le crédit existe peut-être seulement parce que nous l'imaginons. Ce sont les formes que ces fantasmes ont prises — de même que leur incidence sur notre réalité — que j'examinerai ici.

Nos attitudes actuelles relativement à la dette sont profondément enracinées dans notre culture, laquelle, ainsi que l'affirme le primatologue Frans de Waal, « est un outil de transformation extrêmement puissant, qui nous touche tout entiers et pénètre au cœur même de l'existence humaine ». Mais peut-être d'autres schèmes encore plus fondamentaux sont-ils modifiés de nos jours.

Postulons que tous les comportements humains — le bon, la brute et le truand — sont offerts dans un buffet de comportements coiffé de la mention *Homo sapiens sapiens*. Notre buffet ne porte pas la mention *Araignées,* ce qui explique que nous ne passions pas notre temps à gober des mouches bleues, ni la mention *Chiens,* et c'est pour cette raison que nous ne marquons pas les bouches d'incendie de nos odeurs glandulaires et que nous ne fourrons pas notre museau dans les sacs-poubelles. En revanche, la nourriture fait partie du buffet humain, car, comme toutes les espèces, nous sommes motivés par la faim et l'appétit. Parmi les autres plats, on trouve des peurs et des désirs moins concrets — par exemple, « J'aimerais pouvoir voler dans les airs », « J'ai envie de coucher avec toi », « La guerre a pour effet d'unir les membres de la tribu », « J'ai peur des serpents » et « Qu'adviendra-t-il de moi quand je serai mort ? »

Mais tous les plats proposés dans le grand buffet sont liés à nos schémas humains élémentaires : ce que nous voulons et ne voulons pas, ce que nous admirons, ce que nous méprisons, ce que nous aimons, ce que nous haïssons et ce que nous craignons. Les généticiens vont parfois jusqu'à parler de nos « modules », comme si nous étions des systèmes électroniques munis de circuits fonctionnels pouvant être allumés ou éteints à volonté. Pour le moment, la question de savoir si de tels modules distincts font effectivement partie de nos circuits neuraux génétiquement déterminés reste ouverte à l'expérimentation et au débat. Quoi qu'il en soit, je pose le principe suivant : plus un schème de comportement reconnaissable comme tel — c'est-à-dire manifestement présent en nous — est ancien, plus il fait partie de notre « humanité » et plus ses variantes culturelles seront nombreuses.

Je ne fais pas ici référence à une « nature humaine » immuable et figée — les épigénéticiens soulignent que les gènes peuvent, selon le contexte, être exprimés, c'est-à-dire « allumés », ou éteints de multiples façons. Ce que je dis, c'est que, sans configurations géniques — ou, si vous préférez, sans fondement ou pierre d'assise —, les nombreuses variantes des comportements humains élémentaires que nous observons autour de nous n'existeraient tout simplement pas. Un jeu vidéo en ligne comme « Everquest », dans lequel on doit, au moyen du troc ou du commerce, de missions collectives et de raids lancés contre d'autres châteaux, sortir de sa condition d'écorcheur de lapins et se hisser au rang de chevalier-châtelain, serait inconcevable si nous ne formions pas une espèce sociale sensible aux hiérarchies.

Sur quelle ancestrale pierre d'assise intérieure le complexe enchevêtrement de dettes qui nous encercle s'appuie-t-il donc ? Pourquoi sommes-nous si disposés à nous engager à d'onéreux remboursements futurs en retour d'avantages immédiats ? Est-ce parce que nous sommes programmés pour cueillir et dévorer illico les fruits les plus accessibles sans nous soucier des jours de disette qui suivront peut-être ? Voilà en effet un élément d'explication : soixante-douze heures sans boire et deux semaines sans manger auront vraisemblablement raison de vous. Si vous ne consommez pas tout de suite certains fruits accessibles, vous ne serez plus là dans six mois pour vous féliciter de votre prévoyance et de votre capacité à différer vos gratifications. À cet égard, les cartes de crédit sont une source de profits presque garantis pour les émetteurs, car le principe du « Cueillez dès aujourd'hui les roses de la vie » est peut-être une variante du comportement du chasseur-cueilleur, qui a vécu bien avant que quiconque n'ait l'idée de mettre de l'argent de côté pour sa retraite. À cette époque-là, un « tiens » valait effectivement mieux que deux « tu l'auras », surtout lorsque le « tiens » en question était comestible. S'agit-il simplement de troquer une gratification immédiate contre une longue période de privation ? L'endettement naît-il de notre cupidité ou même — suivant une interprétation plus généreuse — de nos besoins ?

Je suis d'avis qu'il existe une autre assise fondamentale sans laquelle les structures de l'endettement et du crédit n'existeraient pas : notre sens de l'équité. Sous l'éclairage le plus favorable, il s'agit d'un trait humain admirable. Sans le sens de l'équité, dont la face lumineuse est « Un service en appelle un autre », nous ne nous sentirions pas obligés de rembourser ce que nous avons emprunté ; sans la certitude raisonnable d'une contrepartie, personne ne serait assez fou pour prêter quoi que ce soit. Les araignées adultes ne partagent pas entre elles les mouches bleues qu'elles capturent. Le partage est l'apanage des espèces sociales. Le versant sombre du sens de l'équité, c'est le sens de l'injustice, qui pousse celui qui s'est montré inéquitable à se targuer de son impunité ou à s'en sentir coupable ; quant à la victime, elle fulmine et trame sa vengeance.

Les enfants commencent à dire « C'est pas juste ! » vers l'âge de quatre ans, bien avant de penser à des instruments de placement complexes ou de connaître la valeur des pièces de monnaie et des billets de banque. Lorsque, dans les histoires qu'on leur lit à voix haute à l'heure du coucher, le méchant reçoit un châtiment exemplaire, les enfants expriment une vive satisfaction. Dans le cas contraire, ils éprouvent un malaise. Comme le goût des olives et des anchois, l'indulgence et la clémence s'acquièrent plus tard, sauf si la culture s'y oppose. Aux yeux des jeunes enfants, le fait de mettre une mauvaise personne dans un baril hérissé de clous et de jeter celui-ci dans la mer rétablit l'équilibre cosmique et anéantit les forces du mal. Ainsi rassurés, les tout-petits dorment mieux la nuit.

Le souci d'équité se complexifie avec l'âge. Passé sept ans, les enfants entrent dans une phase légaliste : l'équité — ou, le plus souvent, l'iniquité — des règles imposées par les parents est inlassablement remise en question. À cet âge, le sens de l'équité prend d'ailleurs de curieuses formes. Dans les années 1980, par exemple, on observait un singulier rituel chez les enfants de neuf ans : pendant les déplacements en voiture, on regardait par la vitre jusqu'à l'apparition d'une Coccinelle de Volkswagen. L'enfant pinçait alors son jeune compagnon de voyage en prononçant une formule, quelque chose comme : « Je te pince, me pince pas ! » Le fait d'apercevoir la voiture le premier conférait à l'enfant le droit de porter le premier coup, et l'ajout du « codicille » — « Me pince pas ! » — privait l'autre joueur de son droit de riposte. Si, cependant, celui-ci réussissait à crier « Je te pince ! » avant que le premier n'ait eu le temps de lancer la formule incantatoire lui assurant l'impunité, une riposte s'imposait. Dans ce cas, l'argent n'entrait pas en ligne de compte : pas moyen d'acheter l'impunité. C'est le principe de la réciprocité qui était en jeu : un coup en appelait un autre, et la seule porte de sortie consistait à proférer la formule protectrice à la vitesse de l'éclair.

On nous dit que l'ontogenèse récapitule la phylogenèse : la croissance de l'individu reflète l'histoire du développement de l'espèce. Il faudrait être aveugle pour ne pas reconnaître dans le jeu que je viens de décrire la forme essentielle de la *lex talionis* présente dans le code de Hammourabi, qui date de près de quatre mille ans, et repris dans la formule biblique « œil pour œil, dent pour dent ». Appliquer la loi du talion, c'est, grosso modo, faire subir un châtiment proportionnel au tort subi. En vertu des règles du jeu que j'ai décrit, un coup en appelle un autre, sauf si le joueur, grâce à une incantation magique, réussit à mettre en place une sorte de bouclier surnaturel. Ce type de protection, présente dans les contrats et les documents juridiques, prend la forme de dispositions débutant par « Nonobstant ce qui précède » ou « Néanmoins ».

Nous aimerions tous avoir droit à un coup de poing gratuit, à un coup de main gratuit, à n'importe quoi de gratuit, en fait. Cependant, nous nous doutons bien qu'une telle éventualité est peu probable, à moins de quelque fabuleux tour de passe-passe. Mais d'où nous vient la certitude qu'un coup en attire presque toujours un autre ? Est-ce un effet de la socialisation précoce du genre de celle qu'on acquiert en se disputant la pâte à modeler à la maternelle juste avant de hurler : « Mélanie m'a mordue ! » Ou est-ce l'expression d'un modèle marqué au fer rouge dans le cerveau humain ?

Voyons de près la dernière hypothèse. Pour qu'existe une construction mentale comme la « dette » — l'idée suivant laquelle l'équilibre sera rétabli lorsque tu m'auras rendu ce que tu me dois —, certaines conditions doivent être réunies. L'une d'elles, je l'ai déjà dit, c'est le sens de l'équité. Il a comme corollaire la notion de « valeurs équivalentes » : que faut-il pour équilibrer la feuille de marque, le décompte des rancunes ou le système de comptabilité en partie double que nous tenons mentalement ? Si Johnny a trois pommes et Suzie un crayon, le troc d'une pomme contre un crayon sera-t-il satisfaisant pour les deux parties concernées ou restera-t-il une pomme ou un crayon à payer ? Tout dépend de la valeur que Johnny et Suzie attachent aux objets qui leur appartiennent, qui dépend à son tour de leur faim ou de l'urgence de leur besoin d'un moyen de communication. Un échange sera considéré comme équitable si les deux plateaux de la balance sont en équilibre et qu'il ne reste aucune dette en souffrance.

Même la Nature inorganique aspire à l'équilibre (ce qu'on appelle aussi les états statiques). Enfant, vous avez peut-être réalisé cette expérience élémentaire : on verse de l'eau salée d'un côté d'une membrane perméable et de l'eau douce de l'autre côté et on mesure le temps que met le chlorure de sodium à gagner le H_2O, jusqu'à la création de deux milieux également salés. Adulte, vous avez peut-être remarqué qu'il vous suffisait de mettre vos pieds glacés sur la jambe chaude de votre partenaire pour que vos pieds se réchauffent tandis que sa jambe se refroidit. (Si vous décidez de tenter l'expérience, ne dites pas que l'idée vient de moi.)

De nombreux animaux ont la faculté de distinguer le « plus petit » du « plus gros ». Encore heureux pour les prédateurs qui, en ayant les yeux plus grands que le ventre, risqueraient leur vie. Il arrive que des aigles de la côte du Pacifique soient entraînés vers un cimetière aqueux en s'attaquant à des saumons trop lourds : après leur attaque, en effet, ces oiseaux ne peuvent décrocher les proies de leurs serres que sur la terre ferme. Si vous avez déjà emmené de petits enfants voir les « grands chats » dans leur enceinte, au zoo, vous avez peut-être remarqué que les félins de taille moyenne comme les guépards ne font pas beaucoup attention à vous, mais qu'ils lorgnent les petits avec avidité, simplement parce que, au contraire de vous, ceux-ci ont la taille d'un bon repas.

La capacité à jauger un ennemi ou une proie est très répandue dans le royaume animal, mais, chez les primates, l'établissement de distinctions subtiles entre les diverses portions — les morceaux les plus gros ou les meilleurs — frôle l'obsession. En 2003, le magazine *Nature* a rendu compte d'expériences menées par Frans de Waal, du Yerkes National Primate Research Center de l'Université Emory, et par l'anthropologue Sarah F. Brosnan. D'abord, les chercheurs ont appris à des singes capucins à troquer des cailloux contre des tranches de concombre. Ensuite, ils ont donné à l'un des singes un raisin — aliment davantage prisé — en échange du même caillou. « On peut faire l'expérience vingt-cinq fois de suite, et ils sont parfaitement heureux de recevoir une tranche de concombre », dit de Waal. Mais si on y substitue un raisin dans un cas particulier — autrement dit, si on récompense plus généreusement l'un des singes parmi ceux qui ont effectué un travail d'une valeur égale —, ceux qui reçoivent du concombre s'énervent, lancent des cailloux à l'extérieur de la cage et finissent par refuser de jouer le jeu. Et, lorsque l'un des singes reçoit un raisin sans raison particulière, plus de la moitié de ses compagnons se fâchent et certains vont jusqu'à faire la grève de la faim. On a en quelque sorte affaire à un piquet de grève formé de singes. Pour un peu, on les imaginerait brandissant des pancartes : « *Non aux pratiques inéquitables d'octroi des raisins !* » Le troc et le taux de change caillou/concombre sont appris, mais l'indignation, elle, semble spontanée.

Keith Chen, chercheur à la Yale School of Management, a travaillé lui aussi avec des singes capucins. Il a constaté qu'il était possible de leur apprendre à utiliser comme devises des disques de métal semblables à des pièces de monnaie. Des cailloux, en somme, mais en plus brillant. « Mon but principal est de déterminer les aspects de notre comportement économique qui sont innés, profondément enracinés dans notre esprit et préservés au fil des âges », a déclaré Chen. Mais pourquoi s'en tenir à un comportement au caractère aussi ouvertement économique que le troc ? Chez les animaux sociaux qui doivent collaborer pour atteindre des buts communs — tuer et manger des écureuils pour les capucins ou tuer et manger des galagos pour les chimpanzés, par exemple —, les participants doivent juger équitable le partage des fruits d'un effort collectif. Équitable ne veut pas dire égal : ainsi, serait-il équitable qu'un garçon de dix ans pesant quarante kilos ait droit aux mêmes rations qu'un homme de quatre-vingt-dix kilos mesurant deux bons mètres ? Chez les chimpanzés chasseurs, les singes à la personnalité ou au physique dominant ont en général droit à une plus grande part du butin, mais tous ceux qui ont participé à la chasse reçoivent quelque chose, ce qui correspond peu ou prou au principe appliqué par Gengis Khan pour la distribution, parmi ses troupes et ses alliés, du fruit de ses conquêtes, de ses massacres et de ses pillages. Ceux qui s'étonnent de voir les dirigeants politiques pratiquer le clientélisme et le népotisme auraient intérêt à se rappeler ceci : si vous ne partagez pas, les intéressés ne voleront pas à votre secours lorsque vous aurez besoin d'eux. Le moins que vous puissiez faire, c'est leur céder quelques tranches de concombre, et éviter de refiler des raisins à leurs rivaux.

En cas d'iniquité totale, les chimpanzés se révoltent ; à tout le moins, ils risquent de ne pas participer à la prochaine chasse. Animaux sociaux, membres de collectivités complexes au sein desquelles le statut revêt une importance primordiale, les primates sont parfaitement conscients des droits de chacun et, en contrepartie, hostiles aux manifestations d'un sentiment de supériorité indu. Les capucins et les chimpanzés n'ont rien à envier au sens de la hiérarchie finement calibré de Lady Catherine de Bourgh, personnage snob du roman de Jane Austen *Orgueil et Préjugés.*

Chez les chimpanzés, le troc ne se limite d'ailleurs pas à la nourriture : il leur arrive souvent d'échanger des faveurs mutuellement avantageuses ou de pratiquer l'altruisme réciproque. Par exemple, le chimpanzé A peut aider le chimpanzé B à dominer le chimpanzé C. Or, si le chimpanzé B ne respecte pas sa part du marché lorsque le chimpanzé A a besoin de lui, ce dernier pique une crise bruyante. On dirait qu'intervient une sorte de grand livre de comptes intérieur : le chimpanzé A sait pertinemment que le chimpanzé B lui doit une faveur, et celui-ci le sait aussi. Apparemment, il existe des dettes d'honneur chez les chimpanzés. Le même mécanisme est à l'œuvre dans *Le Parrain* de Francis Ford Coppola : un homme dont la fille a été défigurée demande et obtient l'aide du patron de la Mafia, mais il est entendu que la faveur devra, d'une façon assez peu édifiante, être rendue plus tard.

Comme l'affirme Robert Wright dans son livre publié en 1995 et intitulé *L'Animal moral. Psychologie évolutionniste et vie quotidienne* : « L'altruisme réciproque a sans doute tissé la fibre non seulement de l'émotion humaine, mais aussi de la connaissance humaine. Leda Cosmides a montré que nous savons résoudre des énigmes logiques autrement déroutantes lorsque ces énigmes se présentent sous la forme d'échanges sociaux — en particulier, lorsque le but du jeu consiste à voir si quelqu'un triche. Ce qui a suggéré à Cosmides l'idée qu'un module de "détection de la triche" devait exister parmi les organes mentaux gouvernant l'altruisme réciproque. Nul doute que d'autres modules restent à découvrir. » Nous tenons en effet à ce que nos activités et nos échanges commerciaux soient équitables et transparents, en ce qui concerne l'autre partie tout au moins. L'existence d'un « module de détection de la triche » suppose l'existence d'un module parallèle de détection de la non-triche. « Bien mal acquis ne profite jamais », dit-on. C'est vrai — nous jugeons sévèrement les tricheurs, ce qui a des effets sur leur situation économique —, mais il est vrai également, hélas, qu'ils ne sont condamnés que s'ils se font pincer.

Dans *L'Animal moral*, Wright rend compte d'un programme de simulation informatique qui, dans les années 1970, a remporté un concours organisé par le politologue américain Robert Axelrod. Le concours avait pour but de déterminer les schémas de comportement qui permettraient à un programme de survivre le plus longtemps à une série de rencontres avec d'autres programmes. Lorsqu'un programme en « rencontrait » un autre, il devait décider de coopérer, d'attaquer, de tricher ou encore refuser de jouer. « Le contexte de la compétition reflète bien le contexte social de l'évolution humaine et préhumaine. Il s'agit d'une toute petite société : plusieurs douzaines d'individus entretenant des rapports réguliers. Chaque programme se "souvient" si les autres ont coopéré au moment des rencontres précédentes et adapte son comportement en conséquence. »

Le programme gagnant s'appelait TIT FOR TAT, expression qu'on pourrait traduire par « rendre coup pour coup » ou « donnant-donnant », mais dont le sens littéral serait « Frappe-moi et je te frapperai en retour ». Le programme en question obéissait à des règles d'une grande simplicité : « Il coopère dès la première rencontre avec n'importe quel autre programme. Après quoi il répète ce que l'autre programme a fait lors de la première rencontre. C'est un prêté pour un rendu, on rend les bons coups comme les mauvais. » À la longue, ce programme l'a emporté parce qu'il n'a pas essuyé de persécutions répétées. Si un adversaire trompait sa confiance, il refusait de coopérer la fois suivante. Au contraire des exploiteurs et des tricheurs invétérés, il ne s'est pas aliéné les autres participants et n'a pas été « exclu » du jeu. Il n'a pas non plus pris part à une escalade de la violence. Il a appliqué une règle facilement reconnaissable, « œil pour œil, dent pour dent » : traite les autres comme ils te traitent. (Cela veut dire tout autre chose que la fameuse règle d'or : « traite les autres comme tu voudrais toi-même être traité », laquelle est en effet beaucoup plus exigeante.)

Dans le concours informatique remporté par le programme TIT FOR TAT, chacun des participants disposait de ressources égales. Répondre aimablement à une première approche et, par la suite, rendre la pareille aux autres joueurs — « je te revaudrai ça » ou « je te rendrai la monnaie de ta pièce » — ne peut être une stratégie gagnante qu'en présence de règles du jeu égales. Aucun des programmes participants ne possédait de système d'armement supérieur. Si l'un d'eux avait bénéficié d'un tel avantage — le char, l'arc à double courbure de Gengis Khan ou la bombe atomique, par exemple —, TIT FOR TAT aurait échoué : en effet, le programme jouissant d'un avantage technologique aurait pu anéantir ses adversaires, les réduire à l'esclavage ou les forcer à commercer à leur désavantage. Dans l'histoire, les exemples ne manquent pas : au lendemain d'une guerre, les vainqueurs rédigent des lois qui enchâssent le principe de l'inégalité, justifiant ainsi les formations sociales hiérarchiques au sommet desquelles ils s'installent.

Enfant, j'ai rencontré le motif « gentil mais sévère » du donnant-donnant dans son incarnation littéraire. Dans *Les Bébés d'eau,* livre pour enfants publié par Charles Kingsley en 1863, Tom — un petit ramoneur pauvre, ignorant, exploité et maltraité — se noie dans une rivière et finit par avoir des branchies, comme un triton. Puis, à la faveur d'une série d'aventures posthumes, il apprend par tâtonnements à devenir le mâle chrétien idéal de l'époque victorienne, version Kingsley. Ses principales formatrices sont deux puissantes figures féminines surnaturelles — Mme Fais-à-autrui-ce-que-tu-voudrais-qu'on-te-fît, magnifique et caressante, qui illustre la règle d'or dans toute sa splendeur, et Mme Œil-pour-œil-dent-pour-dent, laide, sévère, punitive mais juste, incarnation de la revanche en robe de gouvernante. Le lecteur victorien reconnaissait peut-être en elles la Miséricorde et la Justice, ou encore une Dame Nature bienveillante à la Wordsworth — celle qui « ne trahit jamais / Le cœur qui l'aime » — et une dure et impitoyable Mère Nature darwinienne mâtinée d'un peu de Lamarck — on est la somme de ses actions. (Kingsley était un ami de Darwin ; *Les Bébés d'eau* a paru quatre ans seulement après *De l'origine des espèces,* et c'est l'une des premières réactions littéraires à cette œuvre. On peut même y voir une contribution audacieuse, l'une des premières, à la théorie du « dessein intelligent » : s'il faut rayer d'un trait le jardin d'Éden et le Déluge, une Mme Œil-pour-œil-dent-pour-dent vous aidera peut-être à comprendre à la fois l'ordre naturel et l'ordre humain.)

Dans une optique plus contemporaine, on pourrait assimiler Mme Fais-à-autrui-ce-que-tu-voudrais-qu'on-te-fît au premier geste du programme TIT FOR TAT, c'est-à-dire la coopération ; quant à Mme Œil-pour-œil-dent-pour-dent et à sa verge de bouleau, elles sont le salaire des mauvaises actions. Tom, par exemple, a été vilain — il a dupé des anémones de mer en leur mettant des cailloux dans la bouche. Au lieu de recevoir un bonbon de la part de Mme Œil-pour-œil-dent-pour-dent, comme les autres bébés d'eau, il a droit à un caillou.

À la fin du livre, on s'aperçoit que les deux femmes sont en réalité une seule et même personne, laquelle, soit dit en passant, ressemble à s'y méprendre aux allégories féminines de la Grâce chrétienne, à la fois jeunes et vieilles, gentilles et effrayantes, de la série romanesque *Curdie* de George MacDonald. Les victoriens avaient un faible pour les figures féminines plus grandes que nature… La femme aux deux visages de Kingsley soulève de nombreuses questions. Autrefois, je me suis demandé pourquoi ses deux avatars étaient mariés — aurait-on réprouvé la présence de deux célibataires auprès de bébés ? — et où se trouvaient M. Fais-à-autrui-ce-que-tu-voudrais-qu'on-te-fît et M. Œil-pour-œil-dent-pour-dent. Sans doute prenaient-ils un pot au pub, loin des nuées de bébés, des insupportables gazouillis et des châtiments corporels infligés à l'aide de la vilaine verge de bouleau. Je suis sûre que leurs femmes (ou leur femme) avaient au moins un rejeton à elles (à elle), sinon la Mary Poppins des livres de P. L. Travers n'aurait jamais vu le jour, elle qui descend en droite ligne des jumelles Fais-à-autrui-ce-que-tu-voudrais-qu'on-te-fît et Œil-pour-œil-dent-pour-dent. Mais cette question restera à jamais sans réponse.

J'aimerais plutôt en poser une autre : pourquoi, dans l'œuvre de Kingsley, les figures de la Miséricorde et de la Justice sont-elles féminines ?

En l'occurrence, la justicière au double visage de Kingsley a de lointaines ancêtres. Avec votre permission, j'aimerais, comme dans *Star Trek*, faire un bond colossal dans le temps et dans l'espace, franchir des millénaires et me rendre au Moyen-Orient. Je suis à la recherche d'une image peinte et d'une constellation, celle de la Balance, qui est aujourd'hui le signe du zodiaque correspondant à la période allant du 23 septembre au 22 octobre. L'une des explications de ce nom, c'est que cela coïncide avec l'équinoxe d'automne, où le jour et la nuit sont d'une durée égale, la balance étant l'appareil dont on se sert pour déterminer les équivalences. Selon une interprétation plus discutable, le nom s'expliquerait par le fait que la période coïncide avec la moisson, soit le moment où les fermiers pèsent leur production avant de se rendre au marché.

L'origine véritable du signe est sans doute tout autre. En akkadien — ancienne langue sémitique parlée notamment par les Assyriens —, cette constellation s'appelait *Zibanitu*, soit les

« pinces du Scorpion », car, venant avant cette constellation, elle était considérée comme sa partie antérieure. Mais *zibanitu* désignait aussi une balance : un scorpion la tête en bas ressemble un peu à la forme ancienne de cet appareil. Aujourd'hui, on connaît uniquement la constellation sous le nom de Balance. En général, on la représente au moyen d'une barre horizontale, soutenue par une chaîne ou un bras central, aux deux bouts de laquelle est accroché un plateau. C'est le seul signe du zodiaque qui ne soit pas représenté par un animal ou une personne, même s'il arrive fréquemment que la balance soit tenue par une jeune femme, en qui on reconnaît souvent Astrée, fille de Zeus et de Thémis. Thémis et Astrée étaient considérées comme les déesses de la justice, et Astrée représente aussi la constellation de la Vierge. Ainsi, dans la configuration planétaire Vierge-Balance, nous voyons une jeune femme identifiée à la Justice tenant une balance.

De Thémis et Astrée à Mme Œil-pour-œil-dent-pour-dent, il y a une marge, direz-vous. Pourtant, on observe d'autres illustrations. Après un nouveau bond dans l'espace-temps, nous nous retrouvons dans l'ancienne Égypte, où nous sommes à l'affût de la balance comme instrument de mesure. C'est en fait l'un des tout premiers mécanismes articulés à faire son apparition dans l'art pictural inspiré de la mythologie. On relève de nombreuses illustrations de balances dans les « textes des sarcophages » découverts dans les tombes, c'est-à-dire des incantations ou des formules magiques écrites sur le sarcophage luimême ou sur des rouleaux de papyrus. Ces écrits avaient pour but d'aider l'âme des morts à effectuer le voyage dans l'au-delà.

Dans son périple, l'âme s'arrêtait d'abord dans la salle de Maâty, où le cœur du défunt était pesé sur une balance comme celles dont on se servait, dans l'Égypte ancienne, pour déterminer le poids de l'or et des bijoux. Maâty signifiait « double Maât » — double au sens de « fois deux » et non de la jumelle maléfique —, soit double puissance. Maât était une déesse, parfois représentée sous la forme de deux déesses ou de jumelles, des adolescentes qui ont des ailes sur les épaules et des plumes d'autruche sur leur coiffe. Il s'agissait de l'une des divinités qui présidaient à la pesée du cœur, les autres étant Anubis, à la tête de chacal, qui se chargeait de l'opération proprement dite, et Thot, à la tête d'ibis, le dieu de la lune et donc, dans une société régie par le calendrier lunaire, le dieu du temps. Il était aussi le dieu des mesures, des chiffres, de l'astronomie et des prouesses technologiques, en plus de faire office de scribe ou de greffier surnaturel. Dans les scènes où des cœurs sont pesés, on le voit souvent armé de sa tablette de cire et de son stylet, tel un scribe fin prêt à consigner le résultat d'une pesée d'or.

Parfois, on voit une Maât miniature assise sur un des plateaux de la balance, mais, le plus souvent, c'est sa plume — la plume de Maât — qui sert de contrepoids au cœur. Si votre cœur avait le même poids que Maât, vous passiez à l'étape suivante, celle de la rencontre et de la fusion avec Osiris, dieu du monde souterrain, où un emplacement convenable vous était assigné et où vous pouviez renaître. (Le cercueil intérieur des Égyptiens portait le nom rassurant de « celui qui donne naissance » ; quant au sarcophage, il était connu sous le nom d'« œuf » : dans la mort, on pouvait donc éclore, exactement comme un oiseau.)

S'il se révélait plus lourd que la plume, votre cœur était en revanche jeté en pâture à une désagréable divinité à la tête de crocodile, qui le dévorait. Comme dans la plupart des mythologies et des religions, il était toutefois possible d'échapper à ce terrible jugement : au moyen d'incantations, vous pouviez fortifier votre cœur et l'empêcher de vous trahir. Le cœur, suppose-t-on, était tout disposé à collaborer, car mieux valait qu'il taise vos mauvaises actions : finir dans la gueule d'un crocodile n'était ni dans votre intérêt ni dans le sien. Par contre, il était possible que votre « cœur volage » vous dénonce. Cette incertitude explique sans doute la fascination que la pesée du cœur après la mort suscitait chez les anciens Égyptiens.

Il est d'ailleurs remarquable de constater que, même à cette époque lointaine, on croyait déjà le cœur capable de s'imprégner des effets de vos bonnes et de vos mauvaises actions, comme le terrible portrait de Dorian Gray. En réalité, c'est votre cerveau et non votre cœur qui tient le compte de vos grandeurs et de vos défaillances morales. Mais nous ne parvenons pas à nous en convaincre. À la Saint-Valentin, personne n'aurait l'idée d'envoyer une carte sur laquelle figurerait un cerveau traversé d'une flèche ; en cas d'échec amoureux, nous ne disons pas non plus : « J'ai le cerveau brisé. » Le cerveau a beau occuper la tour de contrôle, c'est le cœur, du moins nous en avons l'intuition, qui répond à nos émotions.

Pourquoi utilisait-on Maât comme contrepoids au cœur ? C'était une déesse, certes, mais sans vocation ou fonction particulière, par exemple l'écriture, la fertilité ou l'élevage du bétail. En fait, elle était beaucoup plus importante. Le mot *maât* désignait la vérité, la justice, l'équilibre, les principes directeurs de la nature et de l'univers, le majestueux passage du temps : les jours, les mois, les saisons, les années. Il s'appliquait aussi au comportement à adopter vis-à-vis des autres de même qu'à l'ordre social, au lien entre les vivants et les morts, aux normes de comportement (vérité, justice, moralité), à une forme d'idéal — autant de notions casées dans un tout petit mot. Son contraire était le chaos matériel, l'égoïsme, le mensonge et les mauvais comportements, bref, tout ce qui bouleversait l'ordre divin.

Cette idée — celle d'un principe d'équilibre sous-jacent auquel nous devrions nous conformer — semble presque universelle. Dans la culture chinoise, c'est le *tao* ou la voie ; dans la culture indienne, c'est la roue de la justice karmique. Sinon dans ce monde, alors dans le suivant, sinon aujourd'hui, alors demain, le principe de réciprocité du TIT FOR TAT cosmique fait que le bien répond au bien, et le mal, au mal.

Même dans les sociétés chamanistiques de chasseurs-cueilleurs, il y avait une voie à suivre, et tout écart bouleversait l'équilibre du monde naturel et provoquait la famine ; si vous ne respectiez pas les animaux que vous tuiez, que vous en abattiez trop, que vous omettiez de les remercier ou que vous ne partagiez pas vos proies de façon équitable, conformément à la coutume, la déesse des animaux éloignait les bêtes de vous.

La divinité protectrice des animaux et de la chasse était incontestablement féminine. Les anciens Hellènes vénéraient Artémis à l'arc d'argent, considérée comme la maîtresse des animaux ; il y avait aussi de multiples déesses celtes associées aux animaux sauvages ; les Inuits du Canada craignaient Nuliajuk, déesse sous-marine qui, en fonction de la moralité des chasseurs, accordait ou refusait les phoques, les baleines et les morses. Au début du néolithique, on croyait que les bébés étaient produits par les femmes seules ; il était donc normal de penser qu'une déesse régissait la fécondité des animaux sauvages. Il ne s'agissait du reste pas d'une sage petite fille à l'allure typiquement féminine : elle pouvait se montrer féroce et, quand elle était courroucée, impitoyable.

Cependant, les anciens Égyptiens, lorsqu'ils ont commencé à étoffer leurs mythologies et à les coucher par écrit, étaient déjà devenus agriculteurs : ils dépendaient non plus des animaux sauvages, mais bien de l'élevage et des cultures. Ainsi, même s'ils avaient de nombreuses divinités à têtes d'animaux, ces dernières, pour la plupart, étaient des animaux domestiques comme la vache plutôt que des animaux sauvages qu'on chassait. Faisait exception à la règle la déesse Sekhmet à la tête de lionne (son nom signifie « la Puissante »), dont la liste des responsabilités laisse perplexe : guerre et destruction, épidémies et orages violents, d'une part, et médecins, guérison et protection contre le mal, d'autre part. Cette liste à double tranchant prend tout son sens lorsqu'on sait que Sekhmet était aussi la protectrice de Maât. Les actes destructeurs de la première visaient donc à venger le mal et à rétablir un juste équilibre. Elle est l'incarnation même du TIT FOR TAT, au contraire de Maât qui, au lieu d'agir, est l'étalon à partir duquel les actions sont évaluées.

Comme Maât, Sekhmet était la fille de Râ, dieu du soleil, donneur de vie qui a créé le monde en le nommant. Sekhmet était aussi connue sous le nom d'« Œil flamboyant de l'astre solaire » : à ce titre, elle était capable de détecter les injustices et de les réduire en cendres. (On retrouve la même idée dans l'Ancien Testament, où l'œil de Dieu, auquel rien n'échappe, se concentre habituellement sur les mauvaises actions plutôt que sur les bonnes.) Mais Sekhmet semble avoir limité ses activités à la vie terrestre, tandis que Maât est partout. Elle est la déesse par excellence, celle sans qui rien d'autre ne peut exister. Au cours de votre procès posthume, votre cœur était donc comparé à rien de moins qu'à l'ordre universel.

En général, sur le plan philosophique, nous nous considérons comme les héritiers des Hellènes, des Romains et des Israélites, et non des anciens Égyptiens ; en réalité, cependant, la tradition de justice divine qui avait cours chez les Grecs est en un sens plus déroutante et plus étrangère que celle des Égyptiens. Les Hellènes comptaient plus d'une déesse de la justice, la première étant Thémis, dont le nom signifie « ordre » — à ce titre, elle représente certaines des idées incarnées par Maât. Elle était l'une des Titans, membre du plus ancien groupe de figures surnaturelles proches de la Terre elle-même. Les Titans ont été renversés par Zeus et les Olympiens, mais Thémis, ayant survécu à la transition, a hérité d'une place au sein de l'Olympe. Prophétesse infaillible, elle tirait ses pouvoirs de sa capacité à interroger les schémas de l'univers. Selon certaines légendes, Zeus lui aurait donné une fille, Dikè ou « Justice » — justice moins au sens du juste équilibre, comme chez les Égyptiens, qu'au sens du châtiment. Dikè avait la réputation d'être plutôt agressive : sur certains vases, on la voit en train de frapper des gens à coups de maillet.

La déesse Némésis incarnait une autre forme de justice. Souvent, on la considère comme la déesse de la vengeance, mais son nom, traduit librement, signifie « le don de ce qui est dû ». En tant que déesse, elle avait donc pour tâche d'égaliser les parts de chacun ou d'équilibrer la répartition des bonheurs et des malheurs. Elle avait notamment comme accessoires une roue de fortune, une épée et un fléau fait de branches — signe qui préfigure la verge de bouleau de Mme Œil-pour-œil-dent-pour-dent. Astrée, autre fille de Thémis, était elle aussi déesse de la justice. La justice qu'elle rendait se rapprochait davantage de celle de Maât, c'est-à-dire une justice fondée sur la vérité, le bon comportement et le respect de l'ordre. Lorsque les hommes sont devenus trop méchants, elle n'a pas pu rester sur terre : elle est devenue la constellation de la Balance, la jeune fille déjà évoquée, celle qui tient la balance céleste.

En ce qui concerne les religions, la règle semble s'énoncer comme suit : empruntez à la religion qui précède les éléments dont vous avez besoin, intégrez-les dans la vôtre et éliminez ou diabolisez tout le reste. La déesse romaine de la justice s'appelait Justitia. On lui a confié la balance d'Astrée et l'épée de Némésis — lesquelles ont peut-être appartenu au dieu méso-potamien du soleil, Shamash, qui disposait d'une balance pour rendre la justice et d'un glaive pour l'imposer. Justitia portait un bandeau sur les yeux : de cette manière, elle ne se laissait pas influencer par la classe sociale du prévenu. Parfois, on lui attri-buait une torche, soit le feu de la vérité, et parfois des faisceaux, ou *Fasces,* symbole romain de l'autorité civile. N'ayant que deux mains, elle ne pouvait pas tenir tous ces accessoires en même temps. Lorsqu'on la voit devant les palais de justice européens et nord-américains, elle a donc fait un choix parmi tous ces objets. La balance et le glaive, en général.

Ainsi, Justitia a hérité d'un grand nombre d'accessoires utilisés par les dieux et les déesses qui l'ont précédée, mais elle n'avait pas pour tâche de juger l'âme des morts. Elle prési-dait plutôt aux cours de justice et pesait non pas les cœurs, mais bien les preuves présentées devant elle. À l'époque des Romains, elle était toutefois devenue une figure allégorique plutôt qu'une déesse inspirant un respect mêlé de crainte. Les anciens Égyptiens étaient sincèrement convaincus de l'existence de Maât et plus encore de celle de Sekhmet, et ils croyaient ces divinités capables d'interventions fulgurantes, dans cette vie comme dans la suivante. Justitia, en revanche, est une statue qui incarnait un principe : la justice qu'elle représente était administrée par des êtres humains dans des tribunaux humains, selon des lois qu'ils avaient eux-mêmes conçues.

Va pour la justice ici-bas. Mais qu'en est-il dans l'autre monde ? Chez les Grecs comme chez les Romains, l'au-delà n'était ni particulièrement plaisant ni défini de façon très cohérente ; dans leurs enfers troubles, les âmes, d'une manière ou d'une autre, étaient jugées, récompensées ou punies. La mort n'avait rien d'une sinécure : dans *L'Odyssée*, Achille, défunt héros, déclare à Ulysse en visite aux Enfers qu'il vaut mieux passer une journée sur terre comme le dernier des esclaves que de régner sur les morts. Dans l'au-delà, certains étaient punis, mais les vertueux n'avaient pas pour autant droit à un éden : pour eux, point de jardins, de harpes ni de vierges. Les mornes prés d'asphodèles étaient en gros le clou de leur séjour. Quant à la fortune ou à l'infortune que les hommes connaissaient ici-bas, c'était l'affaire des Parques, auxquelles même les dieux ne pouvaient pas tenir tête. Dans l'équation *Tit for Tat*, les anciens Hellènes penchaient lourdement en faveur des conséquences — le mal engendre le mal —, ils étaient beaucoup moins portés à honorer l'autre volet. En récompense d'une vie de vertu, on pouvait au mieux espérer être transformé en arbre.

Pour trouver quelque chose qui ressemble à la pesée du cœur chez les Égyptiens et donc à l'idée incarnée par Maât, on doit faire un bond en avant jusqu'à l'ère chrétienne. Les idées contenues dans le mot *maât* ressemblent à celles que suggère le mot grec *logos*, au moins dans certaines de ses acceptions. Le Logos n'est ni une roue, ni une balance, ni une voie ; c'est plutôt une parole, voire le Verbe. Il entre dans la religion chrétienne par la voie des premiers mots de l'Évangile selon saint

Jean : « Au commencement était le Verbe et le Verbe était auprès de Dieu et le Verbe était Dieu. » Mais le Logos n'est pas un simple mot ; c'est un mot à la *maât*. C'est à la fois un dieu et un mot, lequel comprend la vérité, la justice et les assises morales de tout ce qui existe.

Dans la religion chrétienne, il n'y a pas à proprement parler de déesses. On y trouve bien quelques saintes, dont beaucoup, dans l'iconographie, tiennent des membres détachés de leur anatomie ; même si elles vous aident à dénicher un mari, à bien jouer du piano ou à retrouver des objets perdus, elles n'ont pas de grands pouvoirs. La Vierge Marie, la plus puissante d'entre toutes, ne peut qu'intercéder pour vous. Les terribles actes de vengeance léonine, très peu pour elle.

En lieu et place de dieux mineurs, les chrétiens ont les anges. Aucun d'eux n'est explicitement féminin, même si, en général, ils ont les cheveux longs et sont imberbes. Au Jugement dernier, Osiris, tel le Christ, préside à l'opération, mais c'est l'archange Michel qui se charge de peser les âmes. Comme Maât, il a des ailes, et on le représente souvent qui tient une balance. De plus, il a hérité du glaive de la justice des Romains. Comme dans les scènes égyptiennes où des cœurs sont pesés, il y a un scribe chargé de tout consigner ; l'ange Gabriel est celui à qui incombe la tâche d'assurer la tenue du grand livre de Dieu. Les registres qu'il tient serviront au moment du Jugement dernier.

Et peut-être même avant : si le Paradis siège en ce moment même, Lazare, pauvre et misérable pendant sa vie terrestre, se penche sur la balustrade céleste et observe l'homme riche, en train de frire et de grésiller en contrebas ; ainsi, dans les livres de comptes, les joies et les souffrances sont réparties également. Dans la religion musulmane, on retrouve aussi une balance de justice utilisée au moment du Jugement dernier — le *mîzân* : vos mauvaises actions sont mesurées à l'aune des bonnes. Et les anges tiennent à jour non pas un, mais deux registres : du côté droit, Rakib consigne les bonnes actions, et, du côté gauche, Atid note les mauvaises. En présence de tels documents, pas moyen d'invoquer le prétexte favori des politiciens : « Je ne me souviens plus. »

Des déesses égyptiennes Maât et Sekhmet à la déesse romaine Justitia, et de l'archange Michel à Mme Œil-pour-œil-dent-pour-dent, la route est longue, mais, s'il est vrai que les humains ne créent rien, sinon des variations sur les modules comportementaux qui faisaient déjà partie de leur buffet d'*Homo sapiens sapiens,* chacun de ces êtres surnaturels est une manifestation du module intérieur dont nous avons déjà parlé : celui que nous pourrions appeler l'« équité », l'« équilibre » ou l'« altruisme réciproque ». Nous récoltons ce que nous avons semé — du moins, nous nous plaisons à le croire. Qui plus est, quelqu'un ou quelque chose a précisément pour tâche de rétablir l'équilibre.

À l'exception de celles des chrétiens et des musulmans, les représentations surnaturelles de la justice mentionnées ici sont toutes féminines. Pourquoi ? À propos des déesses les plus anciennes, Maât et Thémis, par exemple, on pourrait arguer qu'elles relèvent ou du moins qu'elles sont issues de l'ère matriarcale qu'ont connue aussi bien le Proche-Orient que le Moyen-Orient. Durant cette période, la divinité suprême était féminine et associée à la Nature. Cependant, l'ère des grandes déesses a été suivie de quelques millénaires de forte misogynie, au cours desquels elles ont été remplacées par des dieux, tandis que les femmes en général ont été subordonnées et dégradées. Pourtant, les figures féminines de la justice ont survécu. Comment expliquer leur pérennité ?

Si nous étions primatologues, nous soulignerions que, chez les chimpanzés, ce sont souvent les matriarches les plus âgées qui désignent les rois : le mâle dominant a besoin de leur appui pour rester au pouvoir. Ces tendances sont encore plus marquées chez les singes geladas des hautes terres éthiopiennes, où les familles se composent de groupes de femelles étroitement liées, de leurs enfants et du partenaire qu'elles ont choisi, lequel reste le mâle de la famille tant et aussi longtemps qu'elles le veulent bien. Si nous étions anthropologues, nous ferions valoir que les aînées des bandes iroquoises avaient un rôle décisif à jouer le moment venu de dépecer un animal et de le répartir entre les membres de la famille, car elles étaient au fait du statut social et des besoins de chacun. Si nous étions freudiens, nous évoquerions peut-être le développement psychique de l'enfant : la nourriture première vient de la mère, de la même façon que les premières leçons concernant la justice, les punitions et le partage équitable des biens.

Quoi qu'il en soit, la justice continue de porter des atours féminins, au moins dans la tradition occidentale, et c'est peut-être ce qui explique l'attachement des juges de la Cour suprême du Canada à leur splendide robe rouge et à leur perruque.

J'aimerais faire un nouveau saut dans le temps et l'espace et remonter jusqu'à une pièce de théâtre qui commémore le moment où la justice est passée des mains de puissantes figures féminines surnaturelles à celles des hommes — domination qui aura longue vie. Je veux parler des *Euménides*, troisième pièce de la trilogie d'Eschyle intitulée *L'Orestie*. L'action de la pièce se déroule à Athènes. Elle a été présentée en l'an 458 avant notre ère, au cours de la période grecque dite « classique ».

Le sujet de la pièce, hérité d'une époque légendaire plus ancienne — l'ère mycénienne ou minoenne —, porte sur les lendemains de la guerre de Troie. Dans la première pièce de la trilogie, le roi Agamemnon, à son retour de la guerre, est assassiné par sa femme, Clytemnestre, qui se venge ainsi du sacrifice par Agamemnon de leur fille, Iphigénie, acte qu'il a commis dans l'espoir d'obtenir un vent favorable pour ses navires faisant voile vers Troie. Dans la deuxième pièce, *Les Choéphores*, Oreste, fils d'Agamemnon et de Clytemnestre, rentre d'exil, déguisé, et, encouragé par sa sœur, Électre, tue sa mère. Nous sommes au milieu d'une vendetta meurtrière — où des représailles entraînent des représailles —, dont Shakespeare a clairement énoncé la règle dans *Macbeth* : « Le sang veut du sang. » Oreste a une dette de sang envers son père, et tuer sa mère l'en exonère.

Seulement, en vertu d'archaïques coutumes préclassiques, tuer sa mère était un péché très grave — beaucoup plus en tout cas que le meurtre commis par Clytemnestre, car Agamemnon n'était pas de son sang (et n'était certainement pas sa mère). Oreste a donc contracté une autre dette et, en guise de dédommagement, les Érinyes ou déesses infernales, que les Romains appelaient les Furies, réclament son sang. Filles de la Terre et de la Nuit, elles sont plus vieilles que les dieux de l'Olympe. Repoussantes, sauvages et vindicatives, elles ont pour fonction de pourchasser ceux qui, comme Oreste, tuent des membres de leur famille ou violent les liens du sang : elles les acculent à la folie et les forcent à s'enlever la vie.

Dans *Les Euménides,* elles poursuivent Oreste jusqu'au temple d'Apollon. Ce dernier lave Oreste du sang qu'il a versé, mais les Érinyes n'acceptent pas ce verdict. Oreste se rend ensuite à Athènes, où la déesse Athéna, qui se considère comme inapte à juger une affaire complexe où le sang d'un père et celui d'une mère sont mis dans la balance, constitue un aréopage composé de douze Athéniens chargés d'instruire l'affaire, tout en se réservant la décision finale. Le jury est divisé, et Athéna tranche en faveur des pères et des hommes en alléguant que les hommes engendrent les enfants, tandis que les femmes leur servent simplement d'incubateur. Elle cite d'ailleurs son exemple personnel, elle qui est sortie, entièrement constituée, de la tête de Zeus, son unique créateur. (Elle omet de rappeler le début de son propre mythe : si elle s'était retrouvée dans le crâne de Zeus, c'est parce qu'il avait mangé sa mère enceinte.)

Les Érinyes se sentent humiliées par le verdict des Athéniens : trois anciennes déesses matrilinéaires d'une grande puissance ont en effet été vaincues par une jeune débutante portée sur les hommes, une femme sans enfant et, à l'en croire, sans mère. Elles menacent d'infliger à Athènes une multitude de fléaux, mais Athéna, à force de cajoleries et de promesses, finit par les persuader de rester dans la ville à titre d'invitées. Elles conserveront leurs pouvoirs et seront vénérées, déclare Athéna, sans compter qu'elles adoreront leurs nouveaux quartiers dans une caverne sombre.

Les Furies héritent aussi d'un nouveau nom, « les Euménides » ou « les Bienveillantes ». D'abord des femmes animales « horribles », repoussantes et nauséabondes dont les yeux injectés de sang suintent sans arrêt, porteuses de défenses et d'ailes de chauves-souris, elles se transforment en êtres dignes et gracieux, en déesses « vénérables » — changement rapide que les esprits modernes assimileront aux métamorphoses du genre « Avant / Après » qu'on trouve dans les magazines féminins. Ainsi déguisées, amputées sans doute de leurs défenses, leurs ailes de chauves-souris dissimulées sous de savants drapés, les Érinyes font route vers leur confortable temple souterrain, au milieu d'une procession gaie et chantante. Ainsi, les déesses du passé primitif disparaissent, même si — comme le souligne Athéna — on ne peut éliminer la possibilité d'une vengeance sanguinaire, la Justice devant être soutenue par la Peur. On a instauré le procès devant jury et la règle de droit, présentés comme plus éclairés et plus civilisés que le régime ancien dans la mesure où ils autorisent, en réparation des torts subis, d'autres formes de dédommagement que le sang ; et la longue suite de vendettas sanglantes — selon laquelle une mort en appelle une autre, *ad infinitum* — prend fin.

Athéna choisit « les meilleurs parmi ceux de [sa] ville », lesquels « jugeront dans tous les temps à venir ». Et ils « [décideront] équitablement de ceci, en restant ainsi fidèles à leur serment. » Le souci de transparence et d'impartialité qui ressort des *Euménides* est certes louable. Mais, si le sens de l'équité des Anciens est l'une des assises constitutives de tout système de justice, il ne s'ensuit pas que tous les systèmes de justice soient nécessairement équitables. L'Athènes classique n'offrait un traitement équitable et les diverses libertés qu'aux citoyens athéniens (de sexe masculin). Les femmes et les esclaves n'étaient pas citoyens, et ils étaient assujettis à des lois sévères.

Malgré cette situation et les millénaires au cours desquels les femmes ont été exclues des tribunaux, que ce soit comme juges, avocats ou jurés — et même, dans de nombreux cas, comme témoins dignes de foi —, la figure allégorique de la justice est restée féminine. Aujourd'hui, elle trône toujours devant les palais de justice, la balance à la main, survivante d'une longue lignée de manieuses du même instrument.

Jusqu'ici, je me suis intéressée à de nombreux sujets : le principe de l'équité sans lequel il n'y a pas de système de prêts et d'emprunts possible, les figures féminines qui incarnent la justice (par exemple, Maât, Thémis, Astrée et Justitia, sans oublier les jumelles de Charles Kingsley, Mme Fais-à-autrui-ce-que-tu-voudrais-qu'on-te-fît, qui récompense, et Mme Œil-pour-œil-dent-pour-dent, qui punit), mais aussi l'histoire des balances, instruments à deux plateaux dont on se sert pour mesurer l'équité en comparant une chose à une autre. Dans l'au-delà tel qu'on le concevait dans l'Égypte ancienne, on mettait en balance le cœur d'un défunt et les concepts de justice et de vérité, notamment l'ordre du cosmos et du monde naturel ; dans la tradition chrétienne, l'archange Michel pèse les âmes et utilise leurs actions comme contrepoids. De même, en comptabilité, quand on a équilibré l'actif et le passif d'un compte, on fait « la balance ». Comme celle de l'archange, la balance des anciens Égyptiens comparait les actifs avec les passifs moraux ; la balance comptable, en revanche, ne concerne que les chiffres, même s'il est « mauvais » de trop s'enfoncer dans le rouge. Un grand malheur, certes, mais un malheur dont vous êtes l'auteur.

Dans le prochain chapitre, intitulé « La dette et le péché », je poserai la question suivante : un débiteur souffre-t-il d'une tare morale ? Commet-on un péché en s'endettant ? Le cas échéant, pourquoi ? S'agit-il d'un péché grave ? Et, puisque le débiteur n'est qu'une moitié de l'équation — son jumeau étant bien sûr le créancier —, je me demanderai si le créancier pèche, lui aussi.

DEUX

La dette et le péché

« L'endettement a remplacé l'obésité comme mal des temps modernes », a-t-on récemment entendu. Et je me suis fait la réflexion suivante : il n'y a pas si longtemps, l'obésité a remplacé la cigarette, alors qu'un peu plus tôt la cigarette avait remplacé l'alcool qui, encore un peu plus tôt, avait remplacé la fornication. Et la fornication va remplacer l'endettement. Ainsi, nous tournons en rond. Qu'ont en commun toutes ces choses ? À une certaine époque, elles ont toutes été envisagées comme le péché le plus grave qui soit ; par la suite, cependant, elles ont été jugées chic, sinon carrément inoffensives. J'ai omis les hallucinogènes, mais ils auraient parfaitement cadré dans la liste.

Nous semblons entrer dans une ère où l'endettement, jusqu'à tout récemment considéré comme à la mode et inoffensif, redevient un péché. Il fait même l'objet d'émissions de télé où on reconnaît le ton familier du grand meeting religieux. On y entend le récit d'épisodes de consommation effrénée au cours desquels l'accro du shopping a perdu la tête et tous ses repères ainsi que les confessions larmoyantes de larves insomniaques et tremblantes, endettées jusqu'au cou, réduites au mensonge, à l'escroquerie, au vol et au tirage de chèques à découvert. Des membres de la famille et des proches témoignent des effets destructeurs qu'a eus sur eux le comportement de l'endetté. Dans le rôle du pasteur ou du prédicateur revivaliste, l'animateur fait preuve de compassion, tout en condamnant vertement le coupable. Puis celui-ci, visité par la grâce, se repent et promet de ne jamais recommencer. On lui impose une pénitence — *clac, clac,* font les ciseaux en se refermant sur les cartes de crédit —, suivie d'un strict régime d'austérité. Et enfin, si tout se passe comme prévu, les dettes sont remboursées, les péchés pardonnés, l'absolution accordée : un jour *nouveau* se lève, et un homme plus triste mais plus solvable émerge de la brume matinale.

Autrefois, les gens faisaient tout pour éviter de s'endetter. Il y a d'ailleurs eu de nombreux « autrefois », car l'endettement, je l'ai dit, a eu ses moments de gloire et de défaveur, et le gentleman dépensier tant admiré d'aujourd'hui est le raté méprisé de demain. Je songe en particulier à la Grande Dépression, période que mes parents ont connue comme jeunes mariés. Ma mère répartissait le salaire mensuel de mon père dans quatre enveloppes étiquetées comme suit : *Loyer, Nourriture, Autres besoins* et *Loisirs.* « Loisirs » voulait dire cinéma. Les trois premières enveloppes avaient la priorité. S'il ne restait rien pour la quatrième, tant pis pour le cinéma, et mes parents se contentaient d'une promenade à pied.

Ma mère a tenu un livre de comptes pendant cinquante ans. J'ai constaté que dans les premiers jours de leur mariage, à la fin des années 1930 et au début des années 1940, mes parents s'étaient parfois endettés — quinze dollars par-ci, quinze dollars par-là — et qu'ils avaient dans certains cas emprunté à la banque — quinze dollars par-ci, quinze dollars par-là. À bien y penser, ce n'étaient pas des sommes si négligeables : après tout, la facture mensuelle du pain s'élevait à un dollar vingt et celle du lait, à six dollars. Les dettes étaient systématiquement remboursées en quelques semaines, en quelques mois tout au plus. À l'occasion, on voit apparaître une entrée qui sort de l'ordinaire : « Livre », deux dollars quatre-vingts, ou « Aliments de luxe », quarante cents. Quels étaient donc les « aliments de luxe » en question ? Mes soupçons se portent sur les chocolats : ma mère m'a un jour raconté que mon père et elle les coupaient en deux afin de pouvoir goûter tous les parfums. C'était ce qu'on appelait « vivre selon ses moyens ». À en juger par les émissions de télé consacrées à l'endettement, c'est un art perdu.

Comme le présent chapitre s'intitule « La dette et le péché », j'aimerais prendre un moment pour évoquer la première fois où j'ai fait le lien entre les deux. C'était à l'église, plus particulièrement à l'école du dimanche de l'Église unie, que je tenais à tout prix à fréquenter, en dépit de la vive inquiétude de mes parents, qui craignaient l'apparition chez leur fille des signes d'une confusion religieuse précoce. Trop tard, car j'étais déjà embrouillée. Dans la région du Canada où j'ai grandi, en effet, deux conseils scolaires financés par les contribuables coexistaient : le catholique et le public. J'étais pour ma part dans le système public, assimilé aux protestants. Parfois, donc, nous priions et lisions la Bible, tandis que, du fond de la classe, le roi et la reine de l'Angleterre et du Canada, couverts de couronnes, de médailles et de bijoux, posaient sur nous un regard bienveillant.

Puisque nous apprenions la religion en classe, mes escapades à l'école du dimanche étaient des suppléments. Comme d'habitude, j'étais motivée par la curiosité : n'en apprendrais-je pas plus sur la religion à l'école du dimanche qu'à l'école tout court ? Pas vraiment, en l'occurrence. En effet, on y évitait avec soin les passages les plus croustillants de la Bible, ceux où il y avait du sexe, des viols, des sacrifices d'enfants, des mutilations, des massacres, des paniers dans lesquels s'entassaient les têtes coupées des enfants de vos ennemis ou les membres amputés des concubines, dont on se servait ensuite pour déclarer la guerre, et je passais beaucoup de temps à colorier des anges, des moutons et des robes ainsi qu'à chanter des hymnes où il était question de ma petite chandelle que je devais laisser briller dans mon petit coin obscur.

Vous serez sans doute renversés d'apprendre que j'ai remporté un prix pour avoir mémorisé de nombreux versets de la Bible. C'est pourtant la plus stricte vérité. Nous apprenions notamment par cœur une version du *Notre Père*, dans laquelle il était dit : « Remets-nous nos dettes comme nous-mêmes avons remis à nos débiteurs. » Mon frère, cependant, chantait dans le chœur anglican pour garçons, et les anglicans avaient une autre façon de dire la même chose : « Pardonne-nous nos offenses, comme nous pardonnons à ceux qui nous ont offensés ». Le mot « dettes » — brutal et direct — convenait bien à l'Église unie, toute simple, où on communiait au jus de raisin, tandis que le mot « offenses » était typiquement anglican, froufroutant, tout en fioritures, bien adapté à une théologie plus ornée et à une église où on buvait du vin à la communion. Mais ces deux mots désignaient-ils la même réalité ? Je ne voyais pas comment. « Offenses » avait un sens moral très fort, tandis que « dettes » traduisait seulement le fait de devoir de l'argent. Quelqu'un avait pourtant dû croire qu'ils étaient interchangeables. Dans mon esprit d'enfant aux idées religieuses embrouillées, une chose, cependant, était claire : ni les dettes ni les offenses n'étaient souhaitables.

Fort heureusement, entre les années 1940 et aujourd'hui, le moteur de recherche a vu le jour, et j'ai récemment navigué sur le Web à la recherche d'une explication de la différence entre les deux versions du passage du *Notre Père*. En vous livrant au même exercice, vous constaterez que le mot *debts* (dettes) est utilisé par John Wycliffe dans sa traduction de 1381 et le mot *trespasses* (offenses) dans celle de Tyndale (1526). *Trespasses* apparaît de nouveau dans *The English Book of Common Prayer* de 1549, même si, dans la Bible du roi Jacques Ier (King James) de 1611, le mot *debts* revient. La Vulgate en latin utilise l'équivalent du mot « dettes ». Il est intéressant de remarquer que, en araméen, langue sémitique parlée par Jésus, on emploie le même mot pour « dette » et pour « péché ». On pourrait donc traduire par « Remets-nous nos dettes /

péchés » ou même « nos dettes coupables », même si aucun traducteur n'a encore opté pour cette voie.

En poursuivant vos recherches sur le Web, vous tomberez sur des blogues où figurent des commentaires qui ressemblent fort à des sermons. En général, leurs auteurs en arrivent à la conclusion que les dettes ou les offenses mentionnées dans le *Notre Père* sont d'ordre spirituel. Ce sont, en fait, des péchés : Dieu nous pardonnera nos péchés dans la mesure où nous pardonnons les péchés commis à notre endroit.

Sentencieux, ces blogueurs nous mettent en garde : n'allez pas naïvement croire que les dettes en question sont des dettes d'argent. Voici quelques extraits d'un article de la révérende Jennie C. Olbrych, de l'adorable et vieille église épiscopalienne Saint James Santee, près de McClellanville, en Caroline du Sud — je sais qu'elle est adorable et vieille parce qu'on en voit une photo dans le site Web —, qui, sur tous les points, met dans le mille :

Cela me rappelle le *Notre Père,* dit la révérende Olbrych, et n'oubliez pas que l'endettement financier est parfois une métaphore du péché : pardonne-nous nos péchés, nos offenses, nos dettes, comme nous pardonnons à ceux qui pèchent contre nous, nous offensent ou ont des dettes envers nous…

De nos jours, il est fréquent de devoir beaucoup d'argent : en juin de cette année, la dette des ménages pour la consommation s'élevait à 2,5 billions de dollars. Le ménage moyen a presque douze mille dollars de dettes de cartes de crédit. Si vous êtes propriétaire, vous savez que le fait de contracter un prêt hypothécaire ou un gros emprunt porte à réfléchir. Quand on y pense trop, c'est même accablant.

Dans une autre église où j'ai travaillé comme pasteur, un homme et une femme sont venus me consulter. Ils se disputaient violemment. Au fil de la conversation, je leur ai demandé combien ils devaient : près de soixante-quinze mille dollars de dettes de cartes de crédit et leurs revenus annuels se chiffraient à environ cinquante mille dollars. Ils croulaient sous le poids de leurs dettes, sans espoir de les rembourser. Imaginez leur soulagement si le représentant de MasterCard qui les avait talonnés leur téléphonait un beau matin pour leur apprendre qu'ils étaient exonérés de leurs dettes. Ou qu'un représentant de la banque vous disait qu'on efface votre prêt hypothécaire, ou votre prêt étudiant, la dette de votre entreprise, nous allons remettre le compteur à zéro… Vous vous diriez sûrement : c'est trop beau pour être vrai, c'est forcément illégal, la banque fait probablement erreur. Vous attendriez un moment, puis vous vérifieriez votre solde, puis le relevé arriverait par la poste… ou, mieux encore, le titre de propriété, franc et quitte… quelle joie ! Ne porteriez-vous pas aux nues American Express, Visa ou la banque ? Car l'endettement est vraiment une forme d'esclavage.

Bon, il y a sûrement parmi vous des gens à l'esprit pratique qui se disent : c'est une idée séduisante, mais elle ne peut pas s'appliquer, sinon l'ensemble du système s'écroulerait. Si tous les prêts hypothécaires étaient effacés, le système bancaire s'écroulerait ; il faut que quelqu'un paie… Et vous auriez raison.

Il serait merveilleux d'être exonéré de ses dettes d'argent, mais il le serait encore davantage d'être exonéré de ses dettes spirituelles.

Dans ce texte, nous trouvons, ficelés en un joli petit bouquet, de nombreux éléments clés : la dette financière présentée comme une métaphore du péché, l'horreur et le poids de l'endettement, la joie que nous procurerait l'exonération soudaine de nos dettes, l'impossibilité d'une telle éventualité dans la vraie vie, sinon « l'ensemble du système s'écroulerait », et l'idée que la dette constitue une forme d'esclavage. En établissant un lien entre la fin et le début, nous mettons au jour une équation encore plus nette : la dette financière est plus qu'une métaphore du péché, c'est un péché. En somme, dette est synonyme de péché, comme en araméen.

Les prêcheurs des temps modernes sont loin d'aller jusqu'à affirmer que la seule façon qu'auraient les créanciers de se montrer vraiment vertueux consisterait à brûler leurs livres de comptes, mais on a de bonnes raisons de penser que Jésus souhaitait que nous « pardonnions » les dettes financières tout autant que les dettes d'un autre genre. Non content d'utiliser un mot qui, dans sa langue, s'appliquait aux deux notions, il connaissait la loi mosaïque (d'après Moïse), selon laquelle on devait, tous les sept ans, proclamer une sorte d'année sabbatique, à l'occasion de laquelle toutes les dettes étaient annulées. « Au bout de sept ans tu feras remise, lit-on dans le Deutéronome 15:1 et 15:2. Voici en quoi consiste la remise. Tout détenteur d'un gage personnel qu'il aura obtenu de son prochain, lui en fera remise ; il n'exploitera pas son prochain ni son frère, quand celui-ci en aura appelé à Yahvé pour remise. »

Pourquoi, vous demandez-vous peut-être, quiconque accepterait-il de prêter quoi que ce soit dans de telles circonstances ? Sans doute parce que les prêts et les emprunts s'effectuaient au sein de petites collectivités. Vous n'étiez pas tenu d'effacer l'ardoise des étrangers : la règle s'appliquait uniquement au groupe, dans lequel les liens de voisinage étaient étroits et le restaient du berceau à la tombe, de sorte que le prêteur d'un cycle de sept ans risquait d'être l'emprunteur du suivant. Ma mère, qui a grandi dans une petite collectivité de la Nouvelle-Écosse, avait l'habitude de dire : « Dans un village, il n'y a pas de secrets. » Dans de tels lieux, la réputation joue un rôle considérable, et personne n'a envie de passer pour celui qui ne remet pas ce qu'il doit, puisqu'il risque, la fois suivante, de devoir se passer de la mesure de farine ou de l'œuf dont il a besoin. Au bout du compte, vous finissez par récupérer ce que vous avez prêté, mais peut-être pas en argent. Durant la Grande Dépression, par exemple, rares étaient les villageois qui avaient de l'argent liquide, mais mon grand-père, médecin de campagne, se faisait payer malgré tout, en poulets et en bois de chauffage. « Nous en avons vite eu assez du poulet, disait ma mère, mais nous n'avons jamais eu froid. »

Dans un livre publié en 1994 et intitulé *Systèmes de survie*, Jane Jacobs postule que les êtres humains ont seulement deux façons d'acquérir des biens : prendre et échanger. Nous accumulons des objets par l'un ou l'autre de ces moyens, affirme Jacobs, et nous devons nous garder de les confondre. Il faut en particulier éviter que les responsables d'un secteur soient chargés de l'autre. Par exemple, les policiers — qui ont pour tâche de surveiller le volet « prendre » et disposent des armes que nous leur confions à cette fin — ne devraient pas devenir marchands. Sinon, les pots-de-vin, les rackets et d'autres formes de corruption fleuriront.

Sous la rubrique « prendre » telle que définie par Jacobs se rangeraient la chasse, la pêche et la cueillette, le pillage en temps de guerre, l'annexion de territoires par la force, le vol, le viol, l'asservissement d'autres personnes et la découverte de pièces de un cent sur le trottoir ou, selon mon habitude, de trombones. Sous la rubrique « échanger », il y aurait le troc, la vente et l'achat, les mariages arrangés et les traités commerciaux, même si certains de ces derniers seraient parfois à ranger dans la première catégorie — c'est ce qu'on appelait autrefois la « politique de la canonnière ». La première fois que j'ai lu le livre de Jacobs, je me suis évertuée à trouver des transactions qui n'entraient pas dans l'une des deux catégories, au point d'en faire une obsession. Au début, j'ai pensé aux cadeaux, qui ne sont ni « pris » ni « échangés ». Non, pourtant : les cadeaux relèvent de la rubrique « échanger » puisque, même s'ils n'ont pas de prix et que le fait de les revendre est malpoli et porte malchance, les règles concernant les échanges s'appliquent à eux. Lorsque vous recevez un cadeau, vous contractez à tout le moins une dette de gratitude et vous devez un cadeau à quelqu'un, sinon à la personne qui vous en a fait un en premier. C'est ce principe qui régit les dons artistiques. Le talent est alloué ou donné — il ne s'achète pas —, et on puise son inspiration dans les œuvres d'autres artistes. Avec un peu de chance, on la transmet à d'autres encore.

Mais qu'en est-il des prêts et des emprunts ? C'est comme si ces activités, ni « prises » ni « échanges », avaient lieu dans une zone d'ombre, et changeaient de nature au gré du résultat. On songe aux expressions « ni oui ni non », « mi-figue, mi-raisin », « ni chair ni poisson ». Un objet (ou une somme) emprunté n'est ni pris ni échangé. Il flotte quelque part entre deux mondes : si le taux d'intérêt confine à l'usure, la transaction, pour le débiteur, frôle le vol ; si, en revanche, la somme ou l'objet dû n'est pas remboursé, c'est le créancier qui se fait voler. Dans de tels cas, il y a « prise » et non « échange ». Si, au contraire, l'objet emprunté est rendu en contrepartie d'un taux d'intérêt raisonnable, on a clairement affaire à un échange. Les prises d'otages, mi-vol ou mi-prise, ainsi que leur nom l'indique, et mi-échange, ont elles aussi lieu dans la zone d'ombre.

Il existe cependant un autre type d'accord financier ambigu : mettre en gage un article pour le dégager ou le racheter à une date ultérieure. Dans le cas contraire, l'objet en question échoit au détenteur, qui est autorisé à le conserver. Il s'agit d'une pratique très ancienne. Dans le Deutéronome 24:6, par exemple, on lit : « On ne prendra pas en gage le moulin ni la meule : ce serait prendre la vie même en gage. » Le Deutéronome se compose en bonne partie de lois régissant l'équité — de lois qui définissent des limites à ne pas franchir. Ainsi, il est interdit de prendre en gage le moulin, soit le moyen de subsistance d'un homme, car il serait évidemment incapable de vous rembourser et de récupérer son bien. Ainsi, il était aussi répréhensible d'accepter en gage les principaux outils d'un homme que de le voler. Dans le cas d'un petit moulin familial, vous enlèveriez littéralement le pain de la bouche aux membres de la famille.

Ce genre de transaction intermédiaire est encore bien vivant. Nous parlons de prêteurs sur gages et il y a ce qu'on appelle en France le mont-de-piété. Ces lieux sentent le soufre, comme risque de le faire tout ce qui échappe aux deux catégories bien nettes définies par Jacobs.

Aujourd'hui âgée de quatre-vingt-quinze ans, ma tante Joyce Barkhouse, qui vit en Nouvelle-Écosse, raconte l'histoire suivante au sujet d'une boutique de prêteur sur gages.

À la naissance de mon frère, à la mi-février 1937 — c'est-à-dire au plus profond de la Grande Dépression —, la société ferroviaire offrait pour la Saint-Valentin un tarif excursion spécial entre la Nouvelle-Écosse et Montréal. Le billet coûtait dix dollars. Ma tante et une amie ont tant bien que mal économisé la somme et fait le voyage jusqu'à Montréal pour aider ma mère à s'occuper de son nouveau bébé. À leur arrivée, ma mère était toujours à l'hôpital : mon père n'avait pas encore touché son salaire mensuel et, par conséquent, était incapable de payer la facture et d'obtenir sa libération. (À l'époque, les hôpitaux avaient beaucoup en commun avec les prisons pour débiteurs.) Mon père a fini par faire élargir ma mère, mais la facture de l'hôpital — quatre-vingt-dix-neuf dollars, ainsi que je l'ai appris en consultant le livre de comptes de ma mère — avait eu raison de son chèque de paie.

À cette époque-là, mes parents n'avaient pas un sou vaillant. Dépourvu d'économies, mon père a dû mettre sa plume en gage pour pouvoir inviter ma tante au restaurant en guise de remerciement. (Ce geste prouve bien qu'il avait le sentiment de devoir quelque chose — une marque de gratitude — en retour des soins et des services offerts par ma tante.) Lorsqu'elles ont repris le train à destination de la Nouvelle-Écosse, ma tante et son amie ont également reçu deux précieux cadeaux d'adieu : une grappe de raisins et une petite boîte de chocolats Laura Secord — c'est d'ailleurs tout ce qu'elles ont eu à manger pendant le voyage de retour. Ne pouvant s'offrir une couchette, elles ont dû faire le trajet en position assise, ce qui était inconfortable. Un homme louait des oreillers vingt-cinq cents pièce ; hélas, elles n'avaient que quarante-huit cents. En battant des paupières, a dit ma tante, elles lui ont proposé cette somme majorée de deux chocolats, et leur offre a été acceptée. Elles ont donc dormi confortablement.

En entendant cette histoire, petite, je me réjouissais du dénouement heureux de l'épisode des oreillers et, à propos du marchandage, j'ai retenu la leçon suivante : qui ne propose rien n'a rien. Plus tard, je me suis intéressée à la plume. De quel genre de plume s'agissait-il ? Mes parents étant pauvres comme Job, comment mon père pouvait-il avoir en sa possession une plume assez chère pour pouvoir être mise en gage ? Ensuite, je me suis émerveillée du faible prix des billets de train — aujourd'hui, pour dix dollars, vous n'aurez qu'une bouteille d'eau et quelques chips — et de la haute valeur qu'on accordait à une grappe de raisins.

À présent, je n'ai qu'une seule pensée. Mon père ? Un homme au-dessus de tout soupçon dans la boutique d'un prêteur sur gages, quelle image incongrue ! Et effectivement, on racontait cette partie de l'histoire à voix basse, mais avec ravissement, comme si l'épisode était déshonorant — un peu comme l'étaient les spectacles « pour hommes » — et constituait une transgression, car une limite avait été franchie. En même temps, le geste de mon père était présenté comme un acte de courage et un sacrifice. Voyez à quoi il s'était abaissé par souci de bien faire !

Lorsque j'étais toute petite, je croyais que le prêteur sur gages s'occupait de gageures, mais j'avais tort. Le mot, en anglais *(pawnshop),* vient d'un vocable signifiant « promesse ». En fait, il s'agit simplement d'apporter au prêteur un objet en échange duquel il vous donne de l'argent et un coupon portant un numéro. Plus tard, vous pouvez « dégager » l'objet en question ou le racheter en produisant le coupon et en remboursant la somme initiale, plus les intérêts et le coût de la transaction. Si vous ne revenez pas avec le coupon avant la fin de la période prévue, vous perdez votre droit de rachat, et l'article échoit au prêteur, qui peut le vendre et garder pour lui les profits de la transaction.

Quant à savoir pourquoi les prêteurs sur gages avaient si mauvaise réputation à l'époque où mon père a apporté sa plume à l'un d'eux, les avis sont partagés. Comme pour tout ce qui a deux côtés devant être mis en balance — l'âme par rapport à la plume de la vérité, le meurtre d'une mère par rapport à celui d'un père, un ange chargé de consigner les bonnes actions par rapport à un ange qui tient le compte des mauvaises, votre budget mensuel ou les bons et les mauvais effets des boutiques de prêteurs sur gages —, il est difficile d'établir un équilibre parfait entre les deux.

Les commerces de prêteurs sur gages remontent à la Grèce classique et à Rome ; en Orient — plus exactement en Chine —, il en existait en l'an 1000 avant notre ère. Leur mauvaise réputation vient du fait qu'elles sont considérées comme l'ultime recours des impécunieux et que les voleurs sont réputés s'en servir pour écouler leur marchandise volée : ils dérobent un objet, le vendent au prêteur sur gages et, bien sûr, ne viennent jamais le récupérer. Autre combine possible : un homme ayant l'intention de déclarer faillite ou de disparaître de la circulation achète des biens à crédit, les met en gage et file avec l'argent.

La vision idyllique de ce genre de commerçants, c'est qu'il s'agit de bonnes âmes qui viennent en aide aux besogneux, de banquiers pour les pauvres, en quelque sorte : les franciscains du Moyen Âge et les moines bouddhistes de la Chine ancienne exploitaient des boutiques de prêts sur gages au profit des indigents. Ces établissements fournissaient de toutes petites sommes aux personnes qui, n'ayant que de maigres biens à offrir en garantie, ne pouvaient pas faire affaire avec les maisons plus huppées : dans les faits, ils faisaient du microfinancement. Saint Nicolas est le patron des prêteurs sur gages. Selon une légende touchante, il dote trois pauvres filles qui, autrement, n'auraient pas trouvé preneur. Les dots en question prennent la forme de trois sacs d'or, d'où les trois boules dorées qu'on voit suspendues à l'extérieur des boutiques de prêteurs sur gages occidentaux. (En Chine, il s'agit plutôt d'une chauve-souris porte-bonheur, mais c'est une autre histoire.)

L'autre légende concernant saint Nicolas est absolument sans fondement; je veux parler de celle selon laquelle, tous les 25 décembre, il descend par la cheminée avec un sac rempli d'objets qu'il a piqués au prêteur sur gages. Cependant, il est vrai que l'expression familière « Old Nick », utilisée au XIXe siècle pour désigner le Diable, a un lien direct avec saint Nicolas. Il y a d'autres indices. Prenez par exemple le costume rouge de l'un et de l'autre, l'abondante pilosité, l'association avec le feu et la suie. L'expression anglaise *to nick,* au sens de « piquer », vient de... Mais je m'égare. Je m'arrête simplement le temps d'ajouter que saint Nicolas, patron des jeunes enfants, lutins aux doigts collants chez qui le respect de la propriété d'autrui semble pour le moins limité, est aussi le patron des voleurs. On le voit toujours à proximité d'un trésor. Interrogé sur l'origine du butin, il déballe une fable invraisemblable dans laquelle des ouvriers non humains jouent du marteau dans un lieu que, par euphémisme, il appelle son « atelier ». Très plausible, si vous voulez mon avis.

Quant aux trois boules dorées, l'histoire de la dot est charmante, mais, selon un récit plus digne de foi, elles faisaient partie des armoiries des Médicis, qui étaient très riches, et elles ont été adoptées par la maison des Lombards, les banquiers et les prêteurs, qui souhaitaient qu'on les croie également riches. Et bientôt — car cette forme précoce de publicité et de magie blanche leur a bien réussi — ils le sont effectivement devenus.

Les humains ont été parmi les premiers « objets » à être mis en gage. Le code mésopotamien de Hammourabi, qui date d'environ 1752 avant notre ère, consiste en une série de modifications des lois alors existantes, ce qui laisse entendre que la loi sur l'endettement était encore plus ancienne. À la lecture de ce code, nous apprenons qu'un homme endetté pouvait mettre en gage sa femme et ses enfants, ses concubines et leurs enfants, ainsi que ses esclaves. En échange de ces esclaves pour dettes, un marchand versait une somme à l'intéressé, qui pouvait alors rembourser ses créanciers. Le chef de famille avait aussi la possibilité de vendre carrément des membres de sa maisonnée. Dans cette dernière éventualité, il n'avait pas la possibilité de les dégager : les infortunés restaient esclaves jusqu'à la fin de leurs jours. Si, en revanche, ils étaient offerts en gage contre un prêt et que la somme était remboursée avant la date d'échéance, l'homme pouvait les récupérer. Il pouvait aussi — lorsque sa situation était désespérée — se vendre lui-même comme esclave. Sans doute le restait-il alors toute sa vie, car il n'y avait personne pour le dégager.

Le statut d'esclave pour dettes n'est pas du tout le simple vestige d'un lointain passé. Prenez l'exemple de l'Inde contemporaine, où un homme risque d'être esclave toute sa vie ; en effet, beaucoup sont placés dans cette situation par l'obligation qui leur est faite de constituer une dot pour leurs filles. Songez également aux immigrants asiatiques qu'on fait passer illégalement en Amérique du Nord et qui, pour rembourser les frais du voyage, travaillent sans salaire jusqu'à la fin de leurs jours. Au XIXe siècle, dans les villages miniers du nord de l'Europe, le magasin de la mine tenait lieu de propriétaire d'esclaves : les mineurs étaient forcés d'acheter au magasin leurs produits de première nécessité, dont le coût était supérieur à leurs revenus.

Dans son roman le plus célèbre, Germinal — du nom d'un des mois du nouveau calendrier introduit pendant la Révolution française, l'équivalent d'avril —, Émile Zola décrit ce système dans ses détails les plus crus et les plus sordides. L'épicier, méchant homme adoptant le point de vue séculaire voulant que le sexe soit monnayable, accepte les paiements en nature et se sert des femmes et des filles des mineurs pour assouvir ses penchants libidineux. Vous serez heureux d'apprendre qu'il y a dans le livre une célèbre scène d'émeute dans laquelle les femmes et les filles se vengent en embrochant les organes génitaux du type sur un bâton qu'elles brandissent triomphalement en défilant dans les rues — forme de divertissement fruste, il est vrai, mais, après tout, on n'avait pas encore inventé la télévision. Toujours au XIXᵉ siècle, l'esclavage pour dettes prenait une autre forme : on louait des chambres et des vêtements à des prostituées ou on exploitait des bordels dans lesquels la nourriture et les vêtements des filles étaient portés à un compte dont elles ne pouvaient jamais s'acquitter. Le même phénomène s'observe encore aujourd'hui, à ceci près que les drogues sont aussi portées au compte toujours en souffrance. Les méthodes qui ont pour but d'asservir des gens et de les obliger à travailler pour un salaire de misère engendrent le désespoir ; elles constituent une sorte de manège cauchemardesque dont on ne peut descendre.

Au moment de la rédaction du code de Hammourabi, l'esclavage existait déjà depuis longtemps. D'où vient-il ? Dans *The Creation of Patriarchy* — « patriarcat » renvoie non pas au papa souriant qui découpe le rôti du dimanche, mais bien au système en vertu duquel un homme traite sa femme et ses enfants comme s'ils lui appartenaient de plein droit et en dispose à sa guise, à la manière de chaises et de tables —, Gerda Lerner écrit ceci : « Au sujet de l'origine de l'esclavage, les sources historiques sont rares, spéculatives et difficiles à évaluer. Dans les sociétés de chasseurs-cueilleurs, l'esclavage est peu répandu, voire inexistant. Il fait son apparition, dans des régions et à des époques très disparates, avec l'avènement du pastoralisme et, plus tard, de l'agriculture, de l'urbanisation et de la formation des États. La plupart des spécialistes en sont venus à la conclusion que l'esclavage est un produit de la guerre et de la conquête. Parmi les origines invoquées, mentionnons la capture de prisonniers de guerre, le châtiment imposé pour certains crimes, la vente par des membres de la famille, la vente de sa propre personne pour cause d'endettement, la servitude pour dettes... Or, l'esclavage ne pourrait pas exister en l'absence de certaines conditions préalables : des surplus alimentaires, des moyens de soumettre les prisonniers récalcitrants, une division (visuelle ou conceptuelle) entre les maîtres et les esclaves. » Lerner postule ensuite que les premiers esclaves ont été des femmes, car elles étaient plus faciles à subjuguer, sans compter que les prisonniers de sexe masculin étaient en général assommés ou jetés du haut d'une falaise, jusqu'au jour où quelqu'un a eu l'astucieuse idée de leur crever les yeux — ce qui nous donne Samson Agonistes dans le poème éponyme de Milton, « aveugle à Gaza, enchaîné à la meule, au milieu des esclaves ».

Samson est un héros de l'Ancien Testament. La force que lui a donnée Dieu est tributaire de sa capacité à taire son secret, c'est-à-dire le fait qu'il perdra tous ses pouvoirs si on lui coupe les cheveux. C'est effectivement ce qui lui arrive par la faute d'une traîtresse — elles sont bavardes comme des pies, les bonnes femmes, ne leur dites rien si vous ne voulez pas que les voisins soient au courant de toutes vos affaires, etc. Mais Samson se dégage de ses ennemis et de ses bourreaux : il rachète la liberté de son âme au prix de sa vie. Qu'elle est fascinante, cette expression selon laquelle une personne coupable d'un geste honteux « se rachète » par une bonne action. Il existe un mont-de-piété des âmes, apparemment, où celles-ci sont retenues et peut-être aussi libérées. Et c'est justement la question que je souhaite maintenant aborder.

D'abord, une singulière manifestation du mont-de-piété des âmes : le mangeur de péchés. La coutume qui consiste à manger les péchés figure dans le roman de Mary Webb intitulé *Sarn* (*Precious Bane* en anglais, d'après le Livre I de *Paradise Lost* ou *Paradis perdu* de John Milton). Déchu du paradis et confiné en enfer, Satan dépêche une expédition de mineurs :

Non loin s'offroit un mont, dont la cime enflammée
Rouloit des tourbillons de feux et de fumée ;
Le terrain qui s'étend sous son front escarpé,
D'une croûte brillante au loin enveloppé,
Trahissoit le trésor des mines souterraines,
Lent ouvrage du soufre infiltré dans leurs veines.
Là, d'escadrons ailés vole un nombreux essaim :
Tels, s'armant de la bêche, et la hache à la main,
D'intrépides sapeurs, par bandes détachées,
Élèvent des remparts ou creusent des tranchées.
À leur tête est Mammon, dont les penchants honteux
Font de lui le plus vil de ces enfants des cieux :
Même au séjour divin sa passion sordide
Tenoit ses yeux baissés ; et son regard avide,
Aux saintes visions des chérubins ravis,
Sembloit préférer l'or des célestes parvis.
Par lui la soif de l'or vint infecter le monde :
Enfant dénaturé d'une mère féconde,
L'homme perça la terre, et son avare main
Lui ravit les trésors qu'elle cache en son sein.
Bientôt pour tirer l'or de sa prison obscure,
Leur troupe a fait au mont une large blessure.
Qu'on ne s'étonne point que l'enfer cache l'or :
À quel sol convient mieux ce funeste trésor ?

Le titre original du livre de Webb (*Precious Bane*, littéralement « précieux fléau », que Jacques Delille, dans sa traduction française de Milton, a rendu par « funeste trésor »), annonce le thème d'une passion dévorante pour les richesses. L'action a pour cadre le Shropshire du XIXe siècle, où persistent des coutumes ancestrales. Le père de Gédéon Sarn a succombé à une attaque, sans crier gare — ce qui est un grand malheur, car il était, croyait-on, mort « en pleine colère, tout chargé de péchés », exactement le sort que souhaite Hamlet pour son beau-père Claudius. On peut s'acquitter de la dette de ses péchés en se repentant avec sincérité ; mais si on n'en a pas eu le temps, on est cuit. C'est là qu'intervient le mangeur de péchés. Le narrateur explique :

> Il était encore d'usage à cette époque dans notre campagne, après un décès, de louer un pauvre qui venait prendre le pain et le vin qu'on lui tendait par-dessus la bière. Il mangeait et buvait alors en disant :
> *Je te donne aise et repos maintenant, pauvre homme, afin que tu ne reviennes point dans les champs ni sur les routes. Et pour que tu sois en paix, je mets mon âme en gage.*
> Puis il s'en allait d'un air calme et douloureux. Mon grand-père disait que les mangeurs de péchés étaient, d'habitude, de vieux sages ou des exorciseurs qui avaient eu des malheurs. C'étaient parfois de pauvres hères qui, par quelque méfait, avaient été rejetés de la vie commune, à qui personne ne voulait avoir affaire et dont, bien souvent, la seule nourriture était le pain et le vin offerts ainsi par-dessus le cercueil. De notre temps, il n'y en avait plus un seul dans le pays de Sarn. Ils étaient presque tous morts, et il fallait envoyer chercher l'un d'eux dans la montagne. C'était loin, et ils demandaient un bon prix, au lieu de venir pour rien comme dans l'ancien temps.

Dans *Sarn,* c'est le fils du mort, Gédéon, qui agit comme mangeur de péchés ; son intention est de s'approprier la ferme familiale et de l'exploiter à fond afin de vivre en grand seigneur. Mais son choix lui porte malheur. On décrit ainsi le moment où il boit le vin du mangeur de péchés : « Il souleva la petite mesure d'étain pleine de vin sombre [...] » Oh ! oh ! pensons-nous. Cela s'annonce mal. Si ses motivations sont pures et désintéressées, le mangeur de péchés a des chances d'échapper à la malédiction. Mais pas s'il a des « penchants honteux », comme Gédéon.

Il y avait aussi des mangeurs de péchés dans la région frontalière entre l'Écosse et l'Angleterre de même qu'au pays de Galles. Lewis Hyde, dans *The Gift: Creativity and the Artist in the Modern World*, décrit une coutume galloise semblable, mais pas identique, du XIXe siècle :

> Le cercueil était posé sur des brancards devant la maison, près de la porte. Un des parents du défunt donnait alors du pain et du fromage aux pauvres en ayant soin de faire passer les offrandes au-dessus du cercueil. Parfois, le pain ou le fromage renfermait une pièce de monnaie. Dans l'espoir d'un tel cadeau, les pauvres avaient cueilli des fleurs et des herbes pour décorer le cercueil.

Hyde range les offrandes funéraires dans une catégorie qu'il appelle « cadeaux de seuil », c'est-à-dire ceux qui favorisent le passage de l'ici-bas à l'au-delà. Dans la coutume galloise, on aide le mort à faire la transition de notre monde au suivant. Si ce passage n'est pas réussi, le mort risque de rester prisonnier sur Terre en tant que fantôme — les fantômes, c'est bien connu, sont des âmes qui ont encore des histoires à régler ici-bas. On trouve des coutumes similaires aux quatre coins du monde, et les objets déposés dans les lieux de sépulture ou les pyramides jouent le même rôle : accompagner le voyageur et faciliter sa traversée. La prochaine fois que vous laisserez tomber une fleur dans une tombe ouverte, demandez-vous pourquoi vous le faites.

Mais la coutume du mangeur de péchés apporte quelque chose de plus. Faire passer le pain et le vin au-dessus du cercueil renvoie sans contredit à la communion chrétienne. On croit que ce repas sacramentel met l'âme en état de grâce, mais le pain et le vin du mangeur de péchés ont l'effet contraire : ce dernier avale des ténèbres et non de la lumière. Il est réputé digérer tous les péchés qu'il avale ; ce faisant, il en libère l'âme des morts. À ce titre, il entretient une relation évidente avec les figures de boucs émissaires. Il met son âme en gage, laquelle garantit que quelqu'un — lui-même en l'occurrence — s'acquittera de tous ces péchés lorsque viendra le moment de passer à la caisse.

S'il met son âme en gage, le mangeur de péchés ne la vend pas. Il l'a mise au clou, d'accord, en échange d'un peu de pain, de vin et d'argent, mais il s'agit aussi d'un geste courageux : si, un peu comme dans le jeu de la chaise musicale, le mangeur de péchés meurt inopinément et qu'il n'y a pas d'autre mangeur de péchés pour lui venir en aide, il reste pris avec tous les péchés qu'il a ingurgités. Le prêteur sur gages, c'est le Diable, évidemment. C'est à lui que les âmes reviennent, à moins que celles des mangeurs de péchés ne soient dégagées, de la même manière qu'on dégage un objet du mont-de-piété. Il est d'ailleurs intéressant de constater que le mot anglais *pawn*, qui désigne le prêt sur gages, peut signifier aussi « otage ». Autrefois, et c'est encore le cas aujourd'hui, les otages étaient des personnes qu'on gardait en captivité en attendant de les échanger contre d'autres personnes ou de l'argent. L'âme du mangeur de péchés servait donc d'otage et de substitut à l'âme de l'homme dont il avait mangé les péchés. Rien d'étonnant à ce que, dans *Sarn*, le mangeur de péchés s'en aille « d'un air calme et douloureux ».

Le premier otage de cette nature dont nous retrouvons la trace dans la mythologie semble être Geshtinanna, du mythe sumérien d'Inanna. Inanna, déesse de la vie, perd une lutte de pouvoir aux mains d'Ereshkigal, déesse de la mort, et est tuée. Mais comme la mort ne sied pas à la déesse de la vie — c'est mauvais pour le jardin, sans parler de toutes les autres formes de vie —, un autre dieu fabrique deux automates en forme de golems qui, privés de vie organique, ne peuvent pas mourir. Ils délivrent Inanna et la ramènent à la lumière. Cependant, Ereshkigal déclare que le nombre de morts doit rester constant, faute de quoi l'ordre cosmique sera bouleversé. Il faut donc trouver quelqu'un qui prendra la place d'Inanna dans le monde souterrain des Sumériens. La victime désignée est le berger-roi Dumuzi, mari mortel d'Inanna. Mais la sœur de Dumuzi, Geshtinanna, propose de prendre sa place, et les dieux sont si impressionnés par son esprit de sacrifice qu'ils divisent en deux la durée de la mort — six mois sous terre pour Dumuzi et six pour Geshtinanna. C'est sans doute le premier exemple d'une personne qui en rachète une autre en s'offrant comme substitut, selon le motif fondamental du mangeur de péchés : il y a un dû, le débiteur est incapable de payer et un tiers propose de s'acquitter de la dette ou de prendre la place du débiteur. Les parallèles à établir avec la foi chrétienne sautent aux yeux.

Tous les motifs humains ont deux versions : l'une positive et l'autre négative. Dans la version négative de celui que j'examine ici, la personne, au lieu de se proposer elle-même comme substitut à quelqu'un d'autre, propose quelqu'un d'autre comme substitut à elle-même. On en a un exemple éloquent dans *1984* de George Orwell. L'infortuné protagoniste, Winston Smith, a été envoyé dans la redoutable salle 101, où on retrouve toujours la pire chose du monde. Pour Winston, ce sont des rats. Affamés, ils sont sur le point de s'attaquer à ses yeux. Voici sa réaction :

> Le masque se posait sur son visage. Le fil lui frotta la joue. Puis — non, ce n'était pas un soulagement, c'était seulement un espoir, un tout petit bout d'espoir. Trop tard peut-être, trop tard. Mais il avait soudain compris que, dans le monde entier, il n'y avait qu'une personne sur qui il pût transférer sa punition, un seul corps qu'il pût jeter entre les rats et lui. Il cria frénétiquement, à plusieurs reprises :
> — Faites-le à Julia ! Faites-le à Julia ! Pas à moi ! Julia ! Ce que vous lui faites m'est égal. Déchirez-lui le visage. Épluchez-la jusqu'aux os. Pas moi ! Julia ! Pas moi !

Julia, soit dit en passant, est la maîtresse bien-aimée de Winston. Cette substitution d'un autre à soi est une notion familière pour tous ceux qui s'intéressent aux religions anciennes : elle est, en effet, à la base des sacrifices tant humains qu'animaux. Vous avez contracté une dette envers les dieux ? Laissez à quelqu'un ou à quelque chose d'autre le soin de l'acquitter pour vous. L'Ancien Testament — le Lévitique et le Deutéronome en particulier — propose de longues listes d'animaux que l'on pouvait faire abattre rituellement en rémission d'un péché, d'une offense ou d'un geste coupable, ou encore en remerciement d'une faveur particulièrement importante accordée par Dieu. Un animal en rachète un autre : on peut par exemple racheter un ânon (le premier de sa mère) au moyen d'un mouton, qui doit être tué à sa place.

Au Moyen-Orient et en Grèce, on pouvait, dans les grandes occasions, recourir aux sacrifices humains. Le roi Agamemnon, chef des forces expéditionnaires à la guerre de Troie, sacrifie sa fille ; Jephté, commandant militaire de l'Ancien Testament, sacrifie la sienne. Qu'obtiennent-ils l'un et l'autre en retour ? La victoire. Josué, après avoir conquis les villes de Canaan, offre les prisonniers et leurs animaux en sacrifice à Dieu, de la même façon qu'Élie fait massacrer les quatre cent cinquante prêtres de Baal. Il était admis que le premier-né de toutes les espèces — y compris l'espèce humaine — appartenait à Dieu, d'où l'absence de surprise d'Abraham lorsque Dieu lui ordonne de sacrifier son fils unique, Isaac. On dit que ce récit illustre le remplacement des victimes humaines par des animaux, puisque c'est un bélier qui se fait trancher la gorge à la place de l'enfant. Cependant, le sacrifice humain — surtout celui des enfants justement — était une pratique répandue dans le monde antique. Et c'étaient des sacrifices substitutifs, en ce sens que l'intéressé payait ses dettes ou remerciait les dieux de faveurs obtenues. Au lieu de vous-même, vous offriez une part non négligeable de vos biens — un taureau, une colombe, un enfant, un esclave —, et c'était comme si vous murmuriez votre propre version de « Faites-le à Julia ! »

Heureusement, dès l'époque des Nombres, on pouvait

offrir de l'argent à la place. Songez-y la prochaine fois que vous irez à la messe. Lorsque, au moment de la quête, vous laisserez tomber un billet de vingt dollars dans le panier, dites-vous que c'est une façon d'éviter de vous faire trancher la gorge. En l'occurrence, ce n'est pas cher payé.

Cela nous amène à la religion chrétienne. On appelle le Christ le Rédempteur, mot qui renvoie directement au langage de l'endettement, de la mise en gage et du sacrifice substitutif. En effet, toute la théologie du christianisme repose sur l'idée des dettes spirituelles, des moyens à prendre pour s'en acquitter et des manières de faire en sorte que quelqu'un d'autre les paie à notre place. Elle repose aussi sur une longue tradition préchrétienne de boucs émissaires — les sacrifices humains y compris — ayant pour fonction de vous délivrer de vos péchés.

En voici une version condensée, et je suis désolée si, par souci de concision, je ne lui rends pas tout à fait justice.

Dieu a donné la vie à l'Homme. Ce dernier a donc contracté une dette de reconnaissance et d'obéissance envers son Créateur. L'Homme, cependant, ne s'en est pas acquitté comme il aurait dû le faire. Au contraire, il a manqué à sa parole en désobéissant. Ainsi, Lui et ses descendants sont condamnés au clou pour l'éternité — car, comme le savent tous les exécuteurs testamentaires, les dettes d'une personne échoient à ses héritiers et à ses ayants droit. Quant à la dette originelle, le créancier est tantôt la Mort, tantôt le Diable : cette entité prélève : a) votre vie ou b) votre âme — ou encore les deux — en dédommagement de la dette en souffrance qui vous échoit personnellement en raison des agissements de votre vaurien d'ancêtre.

Vous ne pouvez pas vous acquitter du fardeau du péché que vous a légué Adam — le « péché originel », auquel se sont ajoutés vos propres péchés ni originels ni très originaux —, simplement parce que la somme en est trop grande. À moins que quelqu'un n'intercède en votre nom, votre âme : *a*) s'éteindra ou *b*) deviendra l'esclave du Diable en enfer, où elle sera soumise à toutes sortes de désagréments. Dante en a décrit plusieurs. Au centre de sa vision de l'Enfer, on trouve une version franchement horrible du Mikado de Gilbert et Sullivan, où on a concocté un châtiment adapté aux crimes de chacun. C'est un peu trop moyenâgeux à votre goût ? Vous trouverez une version condensée de la même histoire dans le sermon sur l'Enfer du *Portrait de l'artiste en jeune homme* de James Joyce.

De leur vivant, les âmes qui ne sont ni en état de grâce ni carrément vendues au Diable une fois pour toutes se trouvent, croit-on, dans un état intermédiaire : en péril, mais pas encore condamnées sans appel. En théorie tout au moins, le Christ est réputé avoir racheté toutes les âmes en ayant agi comme une sorte de mangeur de péchés cosmique : au moment de la Crucifixion, il a pris sur ses épaules tous les péchés du monde en s'offrant, avec un détachement digne de Geshtinanna, comme l'ultime victime sacrificielle substitutive. Son sacrifice avait pour but de racheter l'énorme dette du péché originel. Mais, dans ce drame, chacun a un rôle à jouer : en effet, on doit se racheter soi-même en se donnant la possibilité d'être racheté.

Ainsi, on peut en venir à la conclusion que les âmes de tous les vivants résident dans une sorte de mont-de-piété spirituel, où elles ne sont ni tout à fait asservies ni tout à fait libres. Mais le temps est compté. Saurez-vous vous dégager avant le premier coup de minuit et l'arrivée de la Faucheuse — ou, pis encore, du Diable qui, vêtu de son costume rouge, s'apprête à vous jeter dans son sac infernal ? Accrochez-vous comme vous pouvez ! Rien n'est encore joué.

Voilà la source de la tension dramatique qui sous-tend la vie chrétienne : on ne sait jamais. À moins, bien sûr, que vous ne croyiez à l'hérésie antinomienne. Le cas échéant, vous êtes si sûr de votre salut que vous estimez justes vos actions les plus méprisables, du simple fait que c'est vous qui en êtes l'auteur.

Voici un résumé de cette attitude tiré d'un article paru en 2006 dans le *Telegraph* de Londres. Son auteur, Sam Leith, laisse entendre que Tony Blair, ex-premier ministre de la Grande-Bretagne, était en proie à cette hérésie :

> En gros, l'antinomianisme — et ce sera forcément en gros, car je n'ai pas la prétention d'être théologien — est l'idée selon laquelle la foi vous libère de l'obligation de faire le bien. La vertu l'emporte sur le droit, ce qui était, pourrait-on arguer, la position du premier ministre dans le dossier de l'Irak.
>
> D'une certaine façon, on peut y voir la quadrature d'un délicat cercle théologique : l'idée calviniste voulant que le salut des Élus ait été décidé par l'ordre divin bien avant leur conception. Si c'est la foi et non les œuvres qui ouvre les portes du Paradis, les œuvres, suivant une logique extrême, n'ont aucune importance.
>
> La grâce divine, sur laquelle nous n'exerçons aucune mainmise, engendre la foi. La foi engendre le salut. Il s'ensuit que si vous n'êtes pas touché par la grâce, vous n'avez rien à espérer, sinon une très, très longue retraite, les orteils chauffés par le Démon, à l'hôtel de la Fourche.
>
> Si, en revanche, vous comptez parmi les Élus, youpi : Jésus vous a choisi comme rayon de soleil. Vous aurez beau commettre toutes sortes d'atrocités, rien ne l'empêchera de vous voir sous un jour favorable. C'est une idée folle, concluraient la plupart d'entre nous. Traditionnellement, les autorités civiles et religieuses, pour des raisons plutôt évidentes, ont eu tendance à la décourager. Et pourtant...

Comme les politiciens, dans les pays occidentaux anglophones du moins, ont de plus en plus tendance à introduire la religion dans la sphère du politique, les électeurs, en toute justice, devraient pouvoir les interroger sur leurs vues théologiques. « Pensez-vous être irrévocablement sauvé, sans égard à la corruption, à la fraude, aux mensonges, à la torture et aux autres activités criminelles dont vous vous rendez coupable, du simple fait que, en raison de votre statut d'Élu, vous ne pouvez pas vous tromper ? Croyez-vous que tout ce que vous faites est pur parce que vous-même êtes pur ? Pensez-vous que vous auriez tort de vous soucier de votre électorat, c'est-à-dire de ceux que vous prétendez représenter en tant que chef politique, vu qu'ils sont pour la plupart ignobles, insignifiants et destinés à rôtir en enfer ? Voilà quelques questions à poser en ouverture des points de presse.

Un roman de 1824 explore en profondeur la question de l'hérésie antinomienne : *Confession du pécheur justifié* de James Hogg. Pas étonnant que, en cette époque où triomphent les politiciens moralisateurs, l'œuvre s'attire une attention critique grandissante. Voici la situation : perverti sur le plan religieux par une mère fanatique, certain de son salut, débordant d'envie et de haine, en particulier pour son frère plus beau que lui et pour son père bon vivant et picoleur, le narrateur commet une succession de crimes odieux, encouragé par un mystérieux inconnu qu'il rencontre au moment précis où il acquiert la certitude de faire partie, à titre irrévocable, de la confrérie des Élus.

Pour des raisons sur lesquelles nous reviendrons plus tard, le livre infernal est considéré, dans la littérature du début de l'ère moderne, comme un accessoire indispensable à tout pacte conclu avec le Diable. Le roman de Hogg ne fait pas exception à la règle. L'une des premières rencontres du mystérieux inconnu avec le narrateur a lieu dans une église. L'énigmatique personnage est plongé dans la lecture d'un livre qui, à première vue, ressemble à la Bible :

> Je vins à lui pour lui parler, mais il était tellement plongé dans son livre que j'eus beau lui adresser la parole, il ne leva pas les yeux. Je regardai aussi le livre, qui me parut encore être une Bible et qui avait des colonnes, des chapitres, et des versets ;

mais il était dans une langue que j'ignorais absolument, et tout quadrillé de lignes et de versets imprimés en rouge. Une sensation semblable à une décharge électrique me parcourut, au premier coup d'œil que je jetai sur ce livre mystérieux, et je demeurai immobile. Le jeune homme leva les yeux, sourit, ferma son livre, et le rangea contre son sein. « Vous avez l'air singulièrement ému d'avoir vu mon livre, cher Monsieur, dit-il tranquillement.

— Au nom de Dieu, quel est ce livre ? répondis-je. Est-ce une Bible ?

— C'est la Bible dont je me sers, Monsieur [...] »

Peu de temps après, le mystérieux inconnu commence à parler des liens du sang, et nous, lecteurs, le reconnaissons : les liens du sang et le livre si maléfique qu'il cause des décharges électriques sont à n'en pas douter les attributs du Diable du XVe au XIXe siècle — en littérature, tout au moins —, qui tente de vous persuader de conclure avec lui un pacte que vous signerez de votre propre fluide sanguin. Le livre maléfique de Hogg fait penser à une version satanique de la Bible, même si, en général, le Diable trimballe plutôt un livre de comptes dans lequel sont consignées les âmes des captifs, qu'il lui suffira de réclamer au moment fatidique. Dans le roman de Céline intitulé *Mort à crédit*, c'est effectivement ce que propose le Diable : achetez maintenant, profitez des largesses du Diable et payez ensuite, pour l'éternité.

Dans son fascinant ouvrage intitulé *L'Autel le plus haut. Le sacrifice humain de l'Antiquité à nos jours*, Patrick Tierney analyse les traditions diverses — et plus anciennes — en vigueur chez les chamans ou *yatiris* de la région du lac Titicaca en Amérique du Sud :

L'idée masochiste, et chrétienne, de vendre son âme à Satan en échange d'un trésor n'a pas paru très sensée et n'a pas fait recette. La démarche plus pratique des *yatiris* aymaras consiste à vendre au diable quelqu'un d'autre, « corps et âme ». Pour éviter les conséquences néfastes d'un pacte avec Lucifer, c'est simple, offrez-lui une victime humaine. [...] Un individu est physiquement tué lors de cet échange diabolique [...] Moins évident est le sinistre marché sous-jacent, selon lequel l'âme du mort est à jamais réduite en esclavage.

Dans des temps reculés, avant l'arrivée des Européens dans la région, la victime sacrificielle — habituellement une personne jeune et innocente ou encore un petit enfant — était préparée sur les plans mental et affectif, fêtée, flattée et persuadée de jouer son rôle de son plein gré. Elle devenait ainsi un esprit protecteur volontaire — un intermédiaire puissant capable de mettre les forces spirituelles au service de la collectivité tout entière. En ce sens, la victime jouait un peu le même rôle que le mangeur de péchés et que le bouc émissaire : un personnage tabou, « maudit », ainsi qu'on le dit du mangeur de péchés dans *Sarn,* mais aussi béni. Bref, il s'agit d'un personnage dont la mort sacrificielle est vénérée, qu'on approche en tremblant de peur et qui a droit à ses propres sacrifices.

De nos jours, chez les *yatiris* et leurs clients du lac Titicaca, dit Tierney, les pactes avec les divinités locales sont conclus à des fins égoïstes, dont la richesse et le pouvoir temporels, et la victime est loin d'être consentante. En fait, on entraîne cette dernière par la ruse vers le lieu du sacrifice et on l'assassine, puis son âme est asservie et condamnée à faire les quatre volontés de celui qui l'a prise au piège. On raconte que les bourreaux vivent dans la crainte que les âmes s'échappent et se vengent, comme Spartacus ou les filles et les femmes de *Germinal* : en effet, le ressentiment inspiré par une injustice constitue une dette universelle en souffrance et exige le rétablissement de l'équilibre.

Au commencement de l'histoire humaine, les offrandes faites aux forces surnaturelles, les pactes conclus avec elles et les dettes contractées envers elles n'étaient pas consignés sous une forme fixe. Avec l'écriture sont apparus les registres, les livres et les contrats. Les images du monde invisible tendent à reproduire celles qu'on voit sur Terre : les rassemblements de sorcières croqués par les peintres de la Nouvelle-Angleterre du XVIIe siècle, par exemple, entretiennent une troublante parenté avec les services religieux des puritains de la même période. Et le Diable a été doté d'instruments pour écrire dès l'instant où les humains ont eu les leurs ; en fait, les teneurs de livres posthumes des temps anciens, comme Thot, le dieu scribe égyptien, les lui ont peut-être légués.

Au fil des ans, le moyen privilégié par le Malin a changé. Au lieu d'un livre que vous devez signer de votre sang, il s'agit parfois d'un rouleau ou d'un contrat comme dans le *Docteur Faust* de Christopher Marlowe, pièce de la fin du XVIe siècle. Quelle que soit sa forme, toutefois, le document vous lie à jamais. En le signant, vous inscrivez votre nom dans le livre du mal, de la même façon que celui du juste est inscrit dans le livre du bien. Et comme le Diable est notamment un avocat — l'avocat de la poursuite, en quelque sorte —, il a un faible pour les contrats de même que pour les registres et les livres de comptes.

Pourquoi un tel souci de documentation ? Examinons les liens entre les dettes et les documents écrits.

Sans mémoire, pas de dettes possibles : une dette est une chose due à cause d'une transaction passée. Si ni le débiteur ni le créancier ne s'en souviennent, la dette est de facto effacée. « Pardonner et oublier », disons-nous ; et, de fait, il est peut-être impossible de pardonner totalement sans oublier. Dans *La Divine Comédie* de Dante, l'Enfer est le lieu où les suppliciés se souviennent absolument de tout, tandis que, au Paradis, vous oubliez votre moi et l'identité de celui qui vous doit un billet de cinq dollars : là, vous vous perdez plutôt dans la contemplation de l'Être désintéressé. C'est du moins ce qu'on dit.

Sans mémoire, pas de dettes possibles, d'accord ; cependant, nous nous souvenons des histoires — et donc des rancunes, des dettes d'honneur et des vengeances à exercer, bref de tout ce qui concerne les gens et leurs agissements — beaucoup plus facilement que des séries de chiffres, sauf peut-être si nous sommes des cracks en mathématiques. Les mathématiques poussées, qui sont très récentes, n'ont rien d'instinctif : ce n'est qu'à force de répétitions qu'on nous fait apprendre par cœur les tables de multiplication ; même quand on les connaît bien, on se met parfois à compter sur ses doigts — on le faisait avant l'arrivée des calculatrices, en tout cas. La poupée Barbie qui s'est attiré des ennuis pour avoir déclaré : « C'est dur, les maths ! » ne faisait que dire la vérité. La plupart d'entre nous ont donc besoin d'une aide technique — ne serait-ce que du papier et un crayon — pour effectuer des calculs.

Mais comment les humains dirigeaient-ils leurs affaires avant l'avènement du fameux papier ? Comment, par exemple, commerçaient-ils ? Les archéologues nous apprennent que nous échangeons des articles depuis au moins quarante mille ans. Cela dit, en l'absence de registres, il devait être risqué de négocier à distance. Pour être certains d'avoir ce qu'ils voulaient, les marchands faisaient des affaires face à face : ton obsidienne contre mon ocre. On ne pouvait pas se fier aux intermédiaires ; le produit reçu n'était pas toujours celui qui avait été expédié, et on n'avait aucun moyen de prouver quoi que ce soit. Dès la mise en place de moyens de consigner les transactions, les marchands ont pu recourir à des intermédiaires, qui se chargeaient des transactions et leur rapportaient les produits de la vente. Ne restait alors qu'à vérifier que tout était conforme.

Les technologies humaines sont toutes des prolongements du corps et de l'esprit. Ainsi, les lunettes, les télescopes, les images de la télévision et du cinéma de même que les tableaux sont des prolongements de l'œil, la radio et le téléphone des prolongements de la voix, les cannes et les béquilles des prolongements de la jambe, et ainsi de suite. Les lettres et les chiffres — entre autres choses — prolongent la mémoire. Ces *aide-mémoire*[1] sont apparus séparément dans de nombreuses sociétés humaines, et on semble avoir consigné par écrit les chiffres et donc les dettes avant les contenus poétiques et religieux : les œuvres narratives destinées à susciter l'émotion s'accommodaient mieux de la forme orale.

Chez les Incas d'Amérique du Sud, on utilisait pour tenir les comptes des faisceaux de cordelettes colorées et ponctuées de nœuds, appelées *quipous*. Dans l'ancienne Mésopotamie, on scellait des petits cônes d'argile, des boules, des cylindres et d'autres formes géométriques dans des enveloppes en argile. Aujourd'hui, on sait que ces formes représentaient des animaux domestiques — vaches, veaux, moutons, agneaux, chèvres, chevreaux, ânes et chevaux. L'enveloppe, qu'on confiait au gardien du troupeau, ne pouvait être ouverte sans être brisée. Ainsi, l'acheteur des animaux disposait d'un compte ou d'un récépissé en bonne et due forme.

Les tablettes cunéiformes, dont la vaste majorité étaient des registres comptables, sont venues plus tard. Lors de leur apparition, les prêtres-rois de la Mésopotamie, qui vendaient leurs surplus de céréales, avaient créé les premières banques, alimentaires en l'occurrence. Les surplus alimentaires, sans lesquels il est impossible de nourrir les armées, ont rendu possibles les guerres à grande échelle. Et les guerres ont entraîné de nouveaux inventaires, essentiels à la bonne répartition du butin. Après la capitulation d'une ville, les armées de Gengis Khan procédaient à un inventaire non seulement des biens, mais aussi des gens. Habituellement, Gengis Khan faisait massacrer les riches et les aristocrates, mais il épargnait les scribes : pour administrer son empire, il devait compter sur une gigantesque bureaucratie, et les gens qui savaient lire et écrire se révélaient fort utiles.

---

1. En français dans le texte. *(N.d.T.)*

La tenue des livres, et donc la capacité à suivre les débits et les crédits, a favorisé la prolifération de systèmes d'imposition complexes. Au départ, l'imposition était une forme de racket : le contribuable qui versait ses impôts à l'établissement religieux était censé bénéficier de la protection des dieux, tandis que celui qui versait ses impôts au roi ou à l'empereur était censé bénéficier de la protection de ses armées. Les paysans — ceux qui produisaient les vivres nécessaires au maintien de la superstructure — étaient les plus lourdement taxés, et il en va encore ainsi aujourd'hui. En théorie, il y a une différence entre les impôts et la saisie intempestive de vos biens. Celle-ci, c'est du « vol », alors qu'en retour de vos impôts vous êtes censé obtenir quelque chose. La nature exacte de cette contrepartie fait l'objet d'incessants bavardages à l'occasion des élections modernes.

Lorsqu'ils sont apparus, les documents écrits devaient, aux yeux des illettrés, avoir des airs de magie noire : des avocats et des propriétaires pouvaient invoquer contre les analphabètes ces étranges signes indéchiffrables. D'où leur réputation diabolique. On tient vraisemblablement là l'origine du livre de comptes infernal du Diable. En réalité, le Diable du début de l'ère moderne entretient une ressemblance plus qu'anecdotique avec le collecteur d'impôts et le propriétaire intransigeant ; en effet, il brandit l'infernal contrat en vertu duquel vous avez vendu votre âme en échange d'une somme d'argent, de la même façon que le méchant d'un mélodrame vient percevoir l'argent du loyer en retard et attente à la pudeur de la fille adolescente. « L'impie emprunte et ne rend pas », lit-on dans la Bible ; pourtant, les misérables de la Terre devaient avoir l'impression que c'était le créancier et non le débiteur qui se comportait en impie.

Autant de réponses à la question suivante : à quoi Bob Cratchit, commis sous-payé d'Ebenezer Scrooge, occupe-t-il donc ses journées dans sa lugubre cellule ? Il tient les comptes, c'est-à-dire la liste des sommes dues à Scrooge, débiteur hypothécaire et prêteur impitoyable. Cratchit fait pour Scrooge ce que l'archange Gabriel fait pour Dieu : là où il y a des dettes, il doit y avoir de la mémoire, et les souvenirs auxquels Scrooge tient sont ceux des sommes qu'on lui doit. La plume de Cratchit transforme ces souvenirs en registres.

Traditionnellement, c'est dans les régions pauvres où les lois financières imposaient un lourd fardeau qu'on rêvait de détruire de tels documents ; c'est aussi là que le fait de duper le propriétaire, le collecteur d'impôts et le créancier était considéré non seulement comme un droit, mais aussi comme une vertu. Robin des Bois, hors-la-loi et voleur, est un héros ; le shérif de Nottingham, qui perçoit les richesses, et le roi Jean, créancier avide et extorqueur d'impôts, sont des méchants. Robert Burns a écrit un poème intitulé « The Deil's Awa' wi' the Exciseman », dans lequel le Diable s'éloigne en dansant avec l'homme envoyé pour prélever des impôts sur le pur malt maison des villageois. On remercie chaleureusement le Diable pour cet enlèvement ; dans ce cas, en effet, le pire créancier du monde s'en va en emportant une version en miniature de lui-même, et bon débarras dans les deux cas.

Qu'est-ce qui est le plus répréhensible, être débiteur ou créancier ? « Ne sois ni emprunteur, ni prêteur ; car le prêt fait perdre souvent argent et ami, et l'emprunt émousse l'économie », déclare le tendancieux Polonius du *Hamlet* de Shakespeare à Laertes, son fils impatient. En d'autres termes, l'ami à qui vous prêtez de l'argent risque de ne pas vous rembourser, et vous serez en colère contre lui et lui le sera contre vous. Et si vous empruntez, vous dépenserez de l'argent qui ne vous appartient pas et que vous n'avez pas mérité au lieu de vous débrouiller avec ce que vous gagnez. Excellent conseil, Polonius ! Curieux que nous soyons si peu nombreux à le suivre. Plus curieux encore, peut-être, que certains le suivent, étant donné qu'on nous chante sur tous les tons qu'il est bon d'emprunter, car, ce faisant, nous faisons tourner le

« système ». Et dépenser beaucoup d'argent maintient à flot cette chose abstraite, énorme et boursouflée qu'on appelle l'« économie ».

Mais c'est Polonius qui avait raison : lorsque l'équilibre entre le débiteur et le créancier est gravement compromis depuis trop longtemps, le ressentiment monte, l'un devient ignoble aux yeux de l'autre, et la dette apparaît comme un jeu d'équilibre à deux participants dans lequel le débiteur et le créancier sont l'un et l'autre coupables. « Nettoyer l'ardoise » est une expression familière en anglais qui s'applique à l'expiation de vos péchés et à la réparation des torts que vous avez commis, mais la métaphore — comme toutes les métaphores d'ailleurs — a une assise dans la vraie vie : dans les bars ou les pubs, on inscrivait la note des habitués sur un petit tableau. L'ardoise est sale et doit être nettoyée parce que des dettes d'un genre ou d'un autre la salissent. Mais elle est souillée pour le débiteur comme pour le créancier.

Évoquons en terminant deux dictons anglais ambigus, tirés du vaste coffre aux trésors qu'est la sagesse populaire, l'un concernant les débiteurs et l'autre les créanciers. Pour les débiteurs : « La mort efface toutes les dettes. » Pour les créanciers : « Vous ne pouvez l'emporter dans l'au-delà. » Ni l'un ni l'autre n'est vrai dans l'absolu : dans certains cas, les dettes survivent au débiteur et, en ce qui concerne la possibilité de « l'emporter en paradis », tout dépend de quoi on parle, mais c'est une autre histoire. Et c'est cette autre histoire — ou plutôt la dette comme moteur narratif premier — que j'aborde dans le prochain chapitre, intitulé « La dette comme récit ».

TROIS

La dette comme récit

Pas de dettes sans mémoire. Autrement dit : pas de dettes sans récit.

« Récit » s'entend d'une succession d'événements qui se produisent au fil du temps — « un fait, puis un autre, et encore un autre », comme on dit avec désinvolture dans les cours de création littéraire —, et l'endettement est aussi le résultat d'actions qui s'échelonnent sur une période donnée. Par conséquent, toute dette suppose une intrigue : comment un tel s'est endetté, ce qu'il a dit, fait et pensé pendant qu'il était dans cette situation, et enfin — selon que la fin est heureuse ou malheureuse — comment il s'en est sorti ou s'y est enfoncé de plus en plus profondément jusqu'au moment de sa disparition.

Les métaphores sont éloquentes : on « s'enfonce » dans les dettes comme dans l'océan, dans un marécage ou dans un bourbier ; et on en « sort » comme si on émergeait à l'air libre ou qu'on se hissait hors d'un trou. Si on dit que l'endettement « engloutit » quelqu'un, c'est l'image d'un bateau en train de couler qui nous vient à l'esprit : les vagues se referment inexorablement sur l'infortuné naufragé, qui se débat en vain et suffoque. C'est dramatique, et les scènes d'action ne manquent pas : sauter, bondir, grimper, se noyer. Sur le plan métaphorique, l'intrigue de la dette est à des années-lumière de la sombre actualité en vertu de laquelle, assis à son bureau, le débiteur traficote des chiffres sur un écran, trie sa pile de factures en souffrance dans l'espoir de les faire disparaître ou arpente la pièce en se demandant par quel moyen s'extirper de la mélasse budgétaire dans laquelle il s'est englué.

Dans notre esprit — ainsi que le confirme le langage courant —, la dette est un « nulle part » mental ou spirituel, au même titre que l'Enfer décrit par le Méphistophélès de Christopher Marlowe. Lorsque Faust lui demande pourquoi il n'est pas en Enfer, mais dans la même pièce que lui, Méphistophélès répond : « Mais l'Enfer c'est ici, et je n'en suis pas sorti. » Il transporte l'Enfer partout, comme un microclimat qui lui serait propre : il est en Enfer, et l'Enfer est en lui. Remplacez le mot « Enfer » par le mot « Dette », et vous verrez que nous en parlons aussi comme d'un lieu sans lieu. « Mais la Dette c'est ici, et je n'en suis pas sorti », pourrait affirmer le débiteur aux abois.

Exprimée ainsi, la notion même de dette — en particulier lorsque la situation du débiteur est accablante et sans espoir — s'auréole de courage et de noblesse ; elle semble intéressante, et non simplement sordide. Bref, la dette accouche d'un drame plus grand que nature. Certaines personnes s'endettent-elles — comme d'autres roulent en moto à tombeau ouvert — à seule fin d'injecter une bonne dose d'adrénaline dans leur existence sans histoire ? Lorsque les huissiers frappent à la porte, que les lumières s'éteignent parce que vous n'avez pas réglé la note d'électricité et que la banque menace de saisir votre maison, vous ne pouvez pas décemment vous plaindre de l'ennui.

Les scientifiques nous apprennent que les rats, si on les prive de jouets et de la compagnie de leurs semblables, aiment mieux s'infliger de douloureuses décharges électriques que subir une longue période d'ennui. Apparemment, les tortures qu'on s'inflige à soi-même, telles les décharges électriques, procurent une certaine forme de plaisir : l'anticipation de la douleur, comme le risque, provoque de l'excitation. Fait plus important encore, les rats créeront des événements de toutes pièces plutôt que de se laisser enfermer dans un espace-temps où il ne se passe rien. Il en va de même pour les humains : non seulement nous aimons les intrigues, mais nous avons besoin d'elles. Dans une certaine mesure, nous sommes nos intrigues. Sans histoires, l'histoire d'une vie n'est pas une vie.

Il arrive que la dette soit l'histoire d'une vie. Dans un best-seller sur l'analyse transactionnelle intitulé *Des jeux et des hommes* (1964), Eric Berne énumère cinq « jeux vitaux », soit des schémas de comportement susceptibles de durer toute une vie, souvent au détriment de celui qui les adopte, mais dont les avantages ou les bienfaits psychologiques cachés assurent la perpétuation. Il va sans dire que chacun des jeux exige plus d'un joueur : certains participants sont des complices, d'autres des dupes innocentes. « L'alcoolique », « Cette fois je te tiens, salaud », « Donnez-moi des coups de pied » et « Regarde ce que tu m'as fait faire » sont les titres choisis par Berne pour désigner quatre de ces jeux vitaux. Le cinquième s'appelle « Le débiteur ».

Voici ce qu'en dit Berne : « "Le Débiteur" est plus qu'un jeu. En Amérique, cela tend à devenir un scénario, un plan de vie entière, tout comme en certaines jungles d'Afrique et de Nouvelle-Guinée. Là, les parents d'un jeune homme lui achètent une épouse à un prix énorme, l'endettant vis-à-vis d'eux pour des années. » En Amérique du Nord, poursuit l'auteur, « le prix de la femme devient celui de la maison, et [...] si les parents n'ont rien à voir là-dedans, leur rôle est repris par la banque. » S'acquitter de l'hypothèque devient le but de la vie de l'intéressé. Effectivement, je me souviens, enfant — était-ce dans les années 1940 ? —, qu'on jugeait amusant d'accrocher dans sa salle de bains une devise brodée et encadrée proclamant : « Que Dieu bénisse ma maison hypothéquée. » Au cours de cette période, des gens organisaient des fêtes où les documents hypothécaires, une fois la maison payée, étaient brûlés dans le foyer ou dans le barbecue.

J'ouvre une parenthèse pour dire que le mot anglais *mortgage* (hypothèque) vient du français « mort » et « gage ». Je songe à la scène des romances médiévales où le chevalier « jette le gant » pour en provoquer un autre en duel — le gant ou le gage confirmant que le premier type viendra se faire assommer à l'heure et au moment convenus, tandis que « relever le gant » signifie l'acceptation du combat, d'où un engagement réciproque. Il faut donc bien réfléchir aux bagues de fiançailles, qui constituent elles aussi une forme d'engagement — en anglais, on dit d'ailleurs *engagement ring*, car c'est bien ce que vous faites en en offrant une à l'amour de votre vie. (Ou, de nos jours, l'un des amours de votre vie. Comme l'a dit une de mes amies à l'occasion d'un mariage : « Il fera un premier mari tout à fait convenable. »)

Mais revenons-en à hypothèque ou *mortgage*. Dans un tel cas, c'est la maison qui est mise en gage, mais le gage « meurt » aussitôt que le débiteur s'est acquitté de l'hypothèque. Dans un tel contexte, j'aime bien le mot « acquitter » ; on l'utilise aussi pour déclarer un accusé non coupable.

Lorsque les participants jouent gentiment au « Débiteur », l'hypothèque est donc remboursée. Mais qu'arrive-t-il s'ils ne jouent pas gentiment ? « Ne pas jouer gentiment » veut dire tricher, ainsi que le savent tous les enfants. Or, il est faux de prétendre que les tricheurs sont toujours punis. Là encore, les enfants sont au courant : les tricheurs prospèrent parfois, au terrain de jeux comme ailleurs.

Il y a donc une version « non gentille » et donc pour tricheurs du « Débiteur », celle que Berne appelle, on voit bien pourquoi, « Essaie un peu de récupérer ton argent ». Comme dans les autres formes de triche présentées dans le livre, le participant qui ne joue pas gentiment y gagne, peu importe l'issue. Essentiellement, le débiteur se procure des biens à crédit, puis évite de payer. Comme dans les autres formes de jeux exécutés avec fourberie définies par Berne, « Essaie un peu de récupérer ton argent » suppose au moins deux joueurs, et c'est bien entendu le créancier qui se mesure au débiteur. Si le créancier contrarié renonce et ne se fait pas payer, le débiteur obtient quelque chose pour rien. Si le créancier persiste, le jeu se transforme en une chasse excitante ; et si le créancier s'obstine et recourt aux grands moyens — en s'adressant aux tribunaux, par exemple —, le débiteur s'estime en droit de ressentir de la colère envers le créancier, qu'il juge méchant et cupide. Le débiteur se positionne alors en tant que victime exploitée et présente le créancier sous les traits d'une personne franchement mauvaise, laquelle, ne serait-ce que pour cette raison, ne mérite pas d'être payée.

L'obtention de biens à crédit, le manquement à ses obligations, l'ivresse de la chasse, la colère envers le créancier et le positionnement comme victime procurent tous une certaine satisfaction (sous forme d'innervation chimique du cerveau) et fournissent chacun, dans l'optique du jeu du « Débiteur », un élément clé de l'histoire d'une vie. Comme l'affirme Vladimir, clochard déchu qui, dans la pièce de Beckett intitulée *En attendant Godot,* est témoin d'une scène déplaisante, ça a fait passer le temps. Son copain Estragon lui répond qu'il serait passé sans ça. Oui, concède Vladimir, mais moins vite. Quelle que soit la nature de la dette, elle sert aussi, semble-t-il, de divertissement, même pour le débiteur. Comme les rats et les décharges électriques qu'ils s'infligent à eux-mêmes, nous préférons les malheurs au calme plat.

La dette peut aussi avoir valeur de divertissement lorsqu'elle sert de motif dans la vie fictive plutôt que dans la vie réelle. La forme que prend ce genre d'intrigue évolue avec le temps, au gré des conditions sociales, des rapports de classes, des climats financiers et des modes littéraires. Mais les dettes sont présentes dans les récits depuis très longtemps.

En commençant, j'aimerais m'intéresser à un personnage familier — si familier, en fait, qu'il est sorti du monde de la fiction et rayonne à la télévision et dans l'affichage publicitaire.

J'ai nommé Ebenezer Scrooge, protagoniste de *Un chant de Noël* de Charles Dickens. Même si vous n'avez pas lu le livre ni vu la pièce ou l'un des nombreux films consacrés au personnage de Scrooge, vous le reconnaîtriez sans doute en le croisant dans la rue. « Donnez comme le père Noël et économisez comme Scrooge », dit la pub, et un adorable vieux bonhomme aux yeux pétillants fait miroiter quelque aubaine à ne pas rater.

Jouant sur les deux tableaux, la pub réunit deux Scrooge : le Scrooge réformé, qui signale l'état de grâce qui est le sien, ainsi que le salut de son âme, en dépensant comme si sa vie en dépendait, et le Scrooge que nous rencontrons au début du livre, un avare si achevé qu'il ne profite même pas de la fortune qu'il a accumulée : pour lui, pas de mets délicats, pas de chauffage, pas de vêtements chauds, rien du tout. À l'époque des ermites ascétiques qui ne consommaient que du pain et de l'eau, vivaient dans des cavernes et s'écriaient : « Bah ! sottise ! » à l'approche de tous les visiteurs, le mode de vie frugal de Scrooge, grand mangeur de gruau devant l'Éternel, aurait peut-être été considéré comme un louable gage de sainteté. Mais il n'en est pas ainsi pour le vieil et méchant Ebenezer Scrooge, prénom et nom aux résonances multiples : ainsi, « Ebenezer » rime avec *squeezer*, « extorqueur », et *geezer*, « vieux chnoque », tandis que Scrooge est un amalgame de *screw* (« extorquer ») et de *gouge* (« arnaquer »). L'auteur réprouve vertement son attitude :

Oh ! il tenait bien le poing fermé sur la meule, le bonhomme Scrooge ! Le vieux pécheur était un avare qui savait saisir fortement, arracher, tordre, pressurer, gratter, ne point lâcher surtout ! Dur et tranchant comme une pierre à fusil dont jamais l'acier n'a fait jaillir une étincelle généreuse, secret, renfermé en lui-même et solitaire comme une huître. Le froid qui était au-dedans de lui gelait son vieux visage, pinçait son nez pointu, ridait sa joue, rendait sa démarche roide et ses yeux rouges, bleuissait ses lèvres minces et se manifestait au-dehors par le son aigre de sa voix. […] Les ardeurs de l'été ne pouvaient le réchauffer, et l'hiver le plus rigoureux ne parvenait pas à le refroidir. Aucun souffle de vent n'était plus âpre que lui. Jamais neige en tombant n'alla plus droit à son but, jamais pluie battante ne fut plus inexorable. […] Les chiens d'aveugle eux-mêmes semblaient le connaître, et, quand ils le voyaient venir, ils entraînaient leurs maîtres sous les portes cochères et dans les ruelles, puis remuaient la queue comme pour dire : « Mon pauvre maître aveugle, mieux vaut pas d'œil du tout qu'un mauvais œil ! »

Que ce Scrooge-là ait, consciemment ou non, conclu un pacte avec le Diable nous est signalé à de multiples occasions. Non seulement on le gratifie du « mauvais œil », marque traditionnelle des sorcières inféodées au Diable, mais on l'accuse d'adorer le veau d'or ; et, quand, durant la nuit où il a ses visions, il avance en accéléré jusqu'à voir son propre avenir, le seul commentaire qu'il surprend à son sujet dans son ancienne boutique est celui-ci : « Le vieux *Gobseck* a donc enfin son compte, hein ? » Le vieux Gobseck, c'est, bien sûr, le Diable ; si Scrooge n'est pas conscient du pacte qu'il a conclu, son créateur, lui, l'est sans l'ombre d'un doute.

Mais c'est un pacte singulier. Le Diable aura peut-être Scrooge, mais Scrooge ne reçoit rien, hormis de l'argent, et il n'en fait rien, sauf le thésauriser.

Scrooge a quelques ancêtres littéraires intéressants. Au début, les personnages qui concluaient un pacte avec le Diable n'étaient pas des avares — c'était plutôt le contraire, en fait. Au XVIe siècle, le docteur Faust de Christopher Marlowe se vend corps et âme à Méphistophélès au moyen d'un contrat qu'il signe de son sang. Il dispose de vingt-quatre ans avant de passer à la caisse. Du reste, Faust ne se vend pas à vil prix : il a une superbe liste de souhaits où figure à peu près tout ce qu'on trouve aujourd'hui dans les magazines de luxe destinés aux hommes. Faust a envie de voyager ; il veut être très, très riche ;

il veut la connaissance ; il veut le pouvoir ; il veut se venger de ses ennemis ; et il veut coucher avec un sosie d'Hélène de Troie. On ne l'appelle pas ainsi dans les magazines de luxe destinés aux hommes — elle a d'autres noms —, mais c'est du pareil au même : une femme si belle qu'elle n'existe pas. Pis encore, il s'agit peut-être d'un démon déguisé. Mais elle est sexy à mort, comme on dit.

Le docteur Faust de Marlowe n'est ni méchant, ni cupide, ni avide. Il ne convoite pas la richesse pour elle-même ; il entend utiliser sa fortune pour exaucer ses autres vœux. Il a des amis qui se plaisent en sa compagnie, il est dépensier et fait profiter les autres de ses largesses ; il aime boire, manger, faire la fête et jouer des tours ; il utilise ses pouvoirs pour sauver la vie d'au moins une personne. En fait, il agit comme Scrooge après son rachat — le Scrooge qui achète d'énormes dindes, est pris de fou rire, joue des tours à Bob Cratchit, son infortuné commis, assiste à la fête de Noël donnée par son neveu, s'adonne à des jeux de société et sauve Tiny Tim, rejeton infirme de Bob, et nous en venons à nous demander si son lointain ancêtre, le docteur Faust, ne lui aurait pas légué le gène latent du bon vivant, lequel ne demandait qu'à être activé par voie épigénétique. (Cependant, Scrooge ne couche pas avec un succédané d'Hélène de Troie. Il est bien trop ridé pour espérer pareille aubaine. Après avoir renvoyé sa fiancée, jugée trop impécunieuse, et vécu une vie sans péchés, hormis celui d'avarice, il s'est depuis trop longtemps retiré de ce volet de l'existence. Il se contente de reluquer la jolie jeune servante de la maison de son neveu. « Beau brin de fille, ma foi ! » dit-il à la manière de Hugh Hefner. Là encore, il se comporte de façon paterne et bienveillante : il ne lui pince pas les fesses ni même les joues.)

Dickens était-il conscient de faire de Scrooge le double inversé de Faust ? Sans doute avait-il découvert Faust par le truchement de la pantomime anglaise — Dickens se passionnait pour cet art, et Faust était encore un personnage scénique populaire à l'époque d'*Un chant de Noël*. Les correspondances sont si nombreuses qu'il est difficile d'écarter l'hypothèse d'une telle influence. Voyons voir : Faust brûle du désir de voler dans les airs, de visiter des époques et des lieux lointains, Scrooge redoute cette éventualité, mais tous deux finissent par vivre une telle expérience. Ils ont tous deux un commis — Wagner et Cratchit —, le premier bien traité par Faust, le second maltraité par Scrooge. Invisibles, ils assistent tous deux à des fêtes — Faust perturbe les festivités, tandis que Scrooge se tient bien. Marley est le Méphistophélès de Scrooge, celui qui transporte l'Enfer partout où il va, mais il est venu pour sauver l'âme de Scrooge et non pour l'acheter ; les trois spectres — l'esprit de Noël passé, l'esprit de Noël présent et l'esprit de Noël à venir — sont ses esprits tutélaires, plus angéliques que démoniaques. Et ainsi de suite. Ce que fait Faust, Scrooge le fait à l'envers. Je suis sûre que quelqu'un a approfondi cette question ; le cas échéant, j'aimerais beaucoup être mise au courant des conclusions.

Le Faust marquant qui fait suite à celui de Marlowe est bien sûr celui de Goethe. Comme le premier, celui-ci a de nombreux désirs ; et c'est cette version qui est à l'origine de l'opéra de Gounod, dans laquelle l'infortunée Marguerite se laisse séduire par des bijoux particulièrement étincelants. Au contraire de celui de Marlowe, le Faust de Goethe est racheté en fin de compte. En l'occurrence, Goethe n'a rien inventé : il existe des versions antérieures dans lesquelles on assiste à la rédemption du personnage. Mais ce n'est pas de cette branche de la famille, celle des signataires de pactes dépensiers, bons vivants et avides de connaissances, que Scrooge est issu. Pour trouver le papa ou le grand-papa avare de Scrooge, nous devons nous tourner vers un auteur américain, Washington Irving.

On sait que Dickens avait un faible pour Washington Irving, écrivain de la génération précédente alors fort populaire. On a surtout retenu d'Irving son conte d'horreur intitulé

Sleepy Hollow : la légende du cavalier sans tête. Mais on lui doit de nombreux autres récits que Dickens connaissait bien, dont *Le Diable et Tom Walker.* Dans cette version du pacte faustien, le signataire n'affiche aucun goût pour le luxe et les largesses, celui qui faisait des Faust antérieurs des matérialistes et donc des êtres damnés. C'est au contraire l'être le plus avaricieux qui se puisse imaginer. Tom Walker et sa femme tout aussi grippe-sou que lui vivent au milieu d'un marécage, où des pirates ont caché leur trésor. Un jour, Tom tombe sur un homme tout noir ; il s'agit, souligne Irving, non pas d'un Noir, mais bien d'un homme « noirci », à la peau recouverte de suie. Tom reconnaît sans mal cette créature :

> Depuis que vous autres, sauvages blancs, avez exterminé les hommes rouges, je m'amuse à présider aux persécutions des Quakers et des Anabaptistes ; je suis le grand patron et le soutien des marchands d'esclaves, le grand maître des sorcières de Salem.
> — Ce qui veut dire, si je ne fais erreur, commenta Tom avec audace, que vous êtes celui qu'on appelle communément le Vieux Griffu.

Effectivement. Tom et le Vieux Griffu concluent un marché : le Vieux Griffu indiquera à Tom l'endroit où est caché l'or des pirates, et celui-ci, fidèle à la tradition, se livrera « corps et âme ». Le Diable insiste cependant pour que Tom investisse dans une entreprise que lui-même choisira. Il propose le commerce des esclaves, mais c'est trop horrible, même pour Tom. En fin de compte, ils se mettent d'accord sur les prêts à intérêt :

> C'est au moment favorable de la détresse publique que Tom Walker ouvrit sa boutique d'usurier à Boston. L'entrée en fut bientôt encombrée de clients. Le Nécessiteux et l'Aventurier ; le Joueur ; l'Agioteur ; le Spéculateur songe-creux ; le Commerçant prodigue ; le Marchand au crédit ruiné ; bref, tous

ceux qui se trouvaient obligés de faire de l'argent par tous les moyens les plus désespérés et au prix des pires sacrifices, tous se ruèrent chez Tom Walker.

Tom était donc l'universel ami des endettés et des besogneux, se conduisant avec eux comme «l'ami et le soutien du pauvre», ce qui veut dire qu'il exigeait toujours gros intérêt et sûres garanties, et que ses exigences étaient d'autant plus rigoureuses que la détresse du quémandeur était plus grande. Il accumulait ainsi les bons signés et les hypothèques, pressant ensuite ses clients de plus en plus durement pour les mettre finalement à la porte, secs comme des éponges pressées.

Il bâtit ainsi sa fortune pied à pied, devint un homme riche et puissant, dont tout le capital allait en Bourse. Il se fit construire, comme de juste, une vaste demeure, par pure ostentation ; mais il en laissa la plus grande partie inachevée et sans meubles, par pure économie. Au plus haut de ses vanités, il se monta même un attelage, dont les chevaux mouraient presque de faim ; et aux gémissements et grincements des roues privées d'huile, on eût pu croire qu'on entendait hurler les âmes de ses malheureux débiteurs.

On reconnaît là le modèle de Scrooge : de colossales sommes d'argent, des marchés aux conditions brutales, l'exploitation impitoyable des miséreux, l'ostentation creuse conjuguée avec l'avarice : Scrooge, comme Tom, vit dans une vaste demeure à l'ameublement spartiate. Au contraire du Scrooge d'avant la rencontre des esprits, cependant, Tom sait que son âme est en danger, et il commence à fréquenter l'église et à trimballer une bible dans l'espoir d'échapper à l'agence de recouvrement du Diable. Il commet toutefois une erreur : en lançant une formule irréfléchie, il invoque son créancier, qui le surprend sans sa bible et l'emporte. On ne le revoit jamais plus.

Dès lors, la fortune de Tom disparaît : ses contrats et ses prêts hypothécaires sont réduits en cendres, son or et son argent se transforment en éclats et en copeaux, les chevaux qui tiraient sa voiture bringuebalante ne sont plus que des squelettes et sa vaste demeure est rasée par les flammes. Washington Irving a beaucoup appris du folklore : dans les contes où il est question de visites au pays des fées, l'or reçu, une fois le soleil levé, se transforme traditionnellement en morceaux de charbon — nous sommes en droit de nous demander combien de ces récits sont nés de l'expérience de personnes sous l'effet d'hallucinogènes. Le mauvais genre de richesse, nous montre-t-on, s'apparente aux illusions des ivrognes. La disparition de l'or s'accompagne : *a*) de la mort, ou *b*) d'une terrible gueule de bois.

Il en va ainsi pour la richesse de Scrooge. Le troisième spectre qui lui rend visite — l'esprit de Noël à venir — lui fait voir à quoi ressemblera sa mort s'il ne change pas de cap. Par exemple, il y a un repaire de voleurs où, en vertu d'une brillante parodie du comportement de Scrooge lui-même, les anciens serviteurs de celui-ci vendent ses biens à un receleur qui, conformément aux bonnes pratiques comptables, inscrit à l'aide d'une craie les sommes qu'il est disposé à verser. Le butin se résume à ceci : « un cachet ou deux, un porte-crayon, deux boutons de manchette et une épingle de peu de valeur ». Font aussi partie du lot la chemise dans laquelle Scrooge devait être inhumé — qu'on a enlevée au cadavre —, ses couvertures et ses rideaux de lit. Voilà tout. Sans doute quelqu'un a-t-il hérité de l'immense fortune de Scrooge, mais, sur ce point, le récit est muet. On nous parle plutôt d'un chat qui gratte à la porte, des rats qui rongent quelque chose sous la pierre du foyer et du cadavre de Scrooge, « dépouillé, volé, abandonné de tout le monde, auprès duquel personne ne pleurait, personne ne veillait ». C'est une vision d'un dénuement absolu, sur le double plan matériel et spirituel.

Mais, nous le savons, Scrooge est sauvé à la fin du récit, tandis que le Faust de Marlowe, créature beaucoup plus généreuse et délicate, voit son corps dépecé et son âme traînée en Enfer. Comment se fait-il que les symboles de la rédemption de Scrooge — l'achat de la dinde et le reste — soient ceux de la damnation de Faust ? Le phénomène s'explique peut-être ainsi : au moment où Marlowe écrivait, les vertus chrétiennes qui avaient dominé pendant des siècles — le mépris de la richesse, l'ascétisme, la pauvreté volontaire, le détachement — étaient encore assez rapprochées dans le temps pour qu'on reconnaisse en elles des signes de sainteté. À cette époque-là, la religion officielle laissait entendre qu'il était plus facile à un chameau de passer par le chas d'une aiguille qu'à un riche d'entrer dans le royaume des cieux, et l'idée selon laquelle le riche se consume en Enfer, tandis que le pauvre jubile au Paradis, était soulignée à gros traits dans les sermons, ne serait-ce que pour inciter les nantis à se déposséder au profit de l'Église.

Entre Marlowe et Dickens triomphe cependant la Réforme protestante — mouvement déjà amorcé qui s'est cristallisé en Angleterre au moment de la rupture d'Henri VIII avec le pape, suivie de la dissolution des monastères. À l'époque de Christopher Marlowe, Élisabeth Iʳᵉ, chef de l'Église d'Angleterre, incarnait le mouvement. Au cours des deux siècles suivants, les protestants ont continué de gagner du terrain ; au XIXᵉ siècle, l'aristocratie terrienne anglaise détenait encore un pouvoir considérable, mais les marchands et les industriels étaient en voie de devenir les plus grands ploutocrates. Comment fallait-il concevoir la richesse ? Était-elle un signe de la faveur de Dieu, comme au temps de Job, ou au contraire un « précieux fléau », signe de matérialisme et de corruption, comme au temps des ascètes et des ermites ? Les théologiens des différentes confessions chrétiennes débattaient de cette question depuis déjà très longtemps. Sur Terre, aucun chameau ne pouvait passer par le chas d'une aiguille, soutenaient certains ; au Paradis, en revanche, tout était possible. Pourquoi, dans ce cas, ne pouvait-on pas avoir à la fois un compte en banque bien garni et une place de choix au banquet divin d'après la mort ? « C'est à leurs fruits que vous les reconnaîtrez », dit Jésus, qui songe manifestement aux fruits spirituels ; cependant, ils étaient aussi matériels, croyaient certains apologistes, lesquels considéraient le fait d'être riche comme un signe de la faveur divine — position qui a ses partisans dans les cercles fondamentalistes de l'Amérique d'aujourd'hui.

L'autre transformation qui a marqué la Réforme protestante, c'est que les chrétiens ont été autorisés à pratiquer l'usure — terme qui s'appliquait autrefois au simple fait de prêter de l'argent à intérêt, sans égard au taux demandé. Jusque-là, les banquiers chrétiens avaient contourné cette interdiction en coiffant leur activité d'autres noms — un peu comme le font les banquiers musulmans aujourd'hui —, mais le tabou a finalement été levé. Après Henri VIII, les chrétiens d'Angleterre ont eu le droit d'exiger des intérêts, et ceux d'autres pays leur ont emboîté le pas. Nombreux sont ceux qui se sont lancés dans l'entreprise. On a bien essayé de plafonner les sommes qui pouvaient être exigées, mais ces tentatives n'ont pas toujours été couronnées de succès — pas plus qu'elles ne le sont aujourd'hui. D'où les usuriers et les taux d'intérêt quotidiens sur les sommes empruntées à l'aide d'une carte de crédit.

Au XIXe siècle, le capitalisme a explosé dans tout l'Occident, faisant voler çà et là le shrapnel budgétaire. Rares étaient ceux qui comprenaient le fonctionnement d'un tel système. Devant ce grand mystère — certains devenaient très riches sans faire ce qu'on considérait jusque-là comme du travail —, les superstitieux ont peut-être cru qu'une main autre qu'humaine avait plongé un doigt infernal dans la tarte et aidé des capitalistes prospères mais forcément méchants à en extraire tous les beaux fruits. Sans mécanismes de réglementation, les hauts et les bas économiques se multipliaient ; en l'absence d'un filet de sécurité sociale, grande était la misère pendant les crises. Ceux qui pouvaient profiter des virages et des fluctuations ont amassé des fortunes, et c'est au cours des siècles qui ont suivi la levée de l'interdiction des prêts à intérêt que le mot

« usure », qui signifiait d'abord le simple fait d'exiger des intérêts, a commencé à désigner celui d'imposer des taux exorbitants. Prêteurs tous les deux, Tom Walker et Ebenezer Scrooge étaient au nombre des profiteurs.

L'Église chrétienne fondamentaliste contemporaine — en particulier dans le sud des États-Unis — a associé la faute aux péchés de la chair, en matière sexuelle notamment, sans oublier, bien sûr, l'alcoolisme et la toxicomanie. Depuis très longtemps aussi, l'Église catholique fait rimer sexualité avec péché. Quelle qu'ait été l'intention, l'effet a été de détourner l'attention des péchés de l'argent vers ceux de la sexualité. Mais ni Washington Irving ni Charles Dickens ne sont dupes. Tom Walker et Ebenezer Scrooge pratiquent tous deux l'abstinence sexuelle : leurs péchés sont uniquement attribuables à l'adoration de Mammon et du Veau d'or.

Assujetti aux principes de la pesée posthume du cœur, telle que la pratiquaient les anciens Égyptiens et les chrétiens du Moyen Âge, le fantôme de l'ex-associé de Scrooge, Marley, doit payer après la mort les péchés commis par Marley de son vivant. Dans la liste de ces derniers, pas l'ombre d'un flirt avec quelque Hélène de Troie. Ils concernent tous les pratiques commerciales implacables du capitalisme débridé comme on le pratiquait au XIXᵉ siècle, qui sont aussi celles de Scrooge. Marley traîne derrière lui une chaîne composée « de coffres-forts, de clefs, de cadenas, de grands-livres, de paperasses et de bourses pesantes en acier ». Il est entravé, dit-il à Scrooge, par la chaîne qu'il a constituée de son vivant — autre exemple du motif de l'asservissement et de l'esclavage si souvent associés à l'endettement, sauf que, dans ce cas-ci, c'est le créancier qui porte la chaîne. Les impitoyables pratiques usuraires constituent un péché à la fois spirituel et matériel, car elles supposent une totale indifférence aux besoins et aux souffrances d'autrui et ont pour effet d'enfermer le pécheur en lui-même.

À la fin du livre, Scrooge est libéré de sa propre chaîne de coffres-forts. Au lieu de garder sa fortune, il commence à la dépenser. D'accord, il en fait profiter les autres et, ce faisant, montre bien qu'il possède la partie du corps humain la plus précieuse aux yeux de Dickens, c'est-à-dire un grand cœur ; l'essentiel, cependant, c'est qu'il la dépense. En des temps plus anciens, l'attitude sainte à adopter aurait consisté à se départir de tout, à se vêtir de grosse toile et à tendre la sébile du mendiant. Dickens, toutefois, ne s'oppose pas en principe à la richesse de Scrooge. En fait, on trouve dans ses livres de nombreux riches absolument délicieux, à commencer par M. Pickwick. La question n'est pas d'avoir de l'argent ni même, le cas échéant, de savoir avec exactitude d'où il vient. Après la visite des esprits, Scrooge ne renonce pas à ses activités commerciales, bien que le récit ne nous dise pas s'il reste prêteur. Ce qui compte vraiment, c'est ce qu'on fait de ses richesses.

Le plus grand péché de Scrooge était de thésauriser, car l'argent, ainsi que vous le confirmeront tous ceux qui s'intéressent à la question, n'est utile que s'il circule : sa valeur vient uniquement de ce qu'il permet d'acquérir. Ainsi donc, les Scrooge de ce monde, ceux qui refusent de convertir leur argent en « liquide » pour qu'il coule pour ainsi dire à flots, bousillent tout. La fin heureuse de l'histoire de Scrooge est tout à fait conforme aux valeurs fondamentales du capitalisme. La vie du personnage fait penser à celle d'Andrew Carnegie : faire fortune en écrasant son prochain, puis se tourner vers la philanthropie. Nous aimons Scrooge parce que, conformément aux lois qui régissent l'accomplissement des désirs, au nombre desquels figurent toujours un repas gratuit et la carte « sortie de prison », il incarne les deux membres de l'équation — la thésaurisation avide et la dilapidation jubilatoire — et s'en tire sans une égratignure.

Dickens était-il conscient de la signification du prénom de Scrooge ? « Ebenezer » signifie « rocher aidant », ce qui traduit le bon et le mauvais côté du personnage : le mauvais Scrooge dur, implacable et froid, et le bon Scrooge secourable qui émerge à la fin. Le mauvais Scrooge fait ce que nous préférerions peut-être faire dans nos moments d'égoïsme : tout garder pour nous et envoyer promener les mendiants. Le bon Scrooge, en revanche, fait ce que nous nous plaisons à croire que nous ferions si seulement nous en avions les moyens : partager notre richesse et sauver tous les Tiny Tim de ce monde. Mais nous n'avons pas assez d'argent. C'est du moins ce que nous nous disons. Et c'est pour cette raison que vous avez menti au bénévole qui a sonné à votre porte : « Je donne au bureau », avez-vous dit. Vous voulez le beurre et l'argent du beurre. Exactement comme Scrooge.

Scrooge est un pur produit du XIXe siècle, et c'est au XIXe siècle que la dette comme récit se propage dans la fiction.

Lorsque j'étais jeune et naïve, je croyais que l'amour était le moteur du roman du XIXe siècle ; aujourd'hui, dans les années plus complexes de ma maturité, je me rends compte qu'il est également régi par l'argent, qui y occupe en réalité une place plus importante, même si les vertus de l'amour y flottent de façon idéaliste. Dans *Les Hauts de Hurlevent*, Heathcliff aime passionnément Cathy et hait son rival, Linton, mais l'argent est l'arme qu'il utilise pour exprimer autant son amour que sa haine. Par quel stratagème ? La dette. En effet, Heathcliff s'approprie le domaine qui donne son titre au roman en faisant du propriétaire son débiteur. Et la même histoire se répète, de roman en roman. Au XIXe siècle, la vengeance la plus parfaite n'est pas de voir le sang de son ennemi se répandre bien rouge sur le sol ; c'est plutôt de voir l'encre rouge entacher son bilan.

Les psychologues du XXe siècle ont puisé une part de leur inspiration non seulement dans les mythes anciens, mais aussi chez les artistes du XIXe siècle. Freud était d'avis que « les poètes » — mot qu'il appliquait à tous les créateurs littéraires — « sont dans la connaissance de l'âme nos maîtres à nous, hommes vulgaires ». Lui-même devait beaucoup au théâtre grec et aux sagas bibliques, mais aussi à Ibsen ; Jung affectionnait les contes folkloriques allemands, mais aussi les ballets idéalisant le principe féminin, comme *Giselle* et *Le Lac des cygnes*. Pour des considérations moins éthérées ou souterraines — les rapports de force adlériens ou l'expression sociale de la relation entre le débiteur et le créancier —, vous ne perdriez rien à consulter les grands romans quasi réalistes du XIXe siècle.

C'est par exemple dans l'œuvre maîtresse de Thackeray, son roman publié en 1848 et intitulé *La Foire aux vanités*, qu'on trouve l'illustration la plus parfaite du jeu tordu qu'Eric Berne appelle « Le débiteur », dans sa variante « Essaie un peu de récupérer ton argent ». Nous assistons aux tristes déboires financiers de la famille de la pauvre Amelia Sedley, mais aussi à l'ascension de Becky Sharp, aventurière vénale et brillante, mais de moindre naissance, qui gravit les échelons de sa société en épousant Rawdon Crawley, aristocrate fringant, mais bon à rien. Crawley, qui a indisposé sa famille en s'unissant à Becky, se voit couper les vivres et gagne sa vie en jouant aux cartes et au billard. Dans le chapitre intitulé « Le moyen de mener grand train sans un sou de revenu », Thackeray décrit en détail la situation financière des Crawley. Essentiellement, les manières aristocratiques et le statut social de Becky et Rawdon séduisent les commerçants, lesquels leur vendent des articles à crédit — et ne sont jamais payés. Becky maîtrise particulièrement bien l'art du « Essaie un peu de récupérer ton argent ». Voici ce qu'en dit Thackeray :

> Rawdon et sa femme donnèrent généreusement leur pratique aux anciens fournisseurs de miss Crawley qui vinrent leur faire offre de services. Les plus pauvres étaient les plus exacts. Tous les samedis, la blanchisseuse arrivait avec sa charrette pour rendre le linge à la maîtresse du logis, et en échange elle ne recevait jamais d'argent ; on la remettait toujours à la semaine suivante. M. Raggles lui-même ne se lassait point de fournir les légumes. La note pour la bière de cuisine à l'estaminet de

la Gloire restera comme une curiosité parmi les choses de ce genre. La plus grosse partie des gages était due à tous les domestiques, et ils se trouvaient par là intéressés au maintien de la maison. En somme, on ne payait personne, pas plus le serrurier qui ouvrait les portes que le vitrier qui remettait les carreaux, que le carrossier qui louait la voiture, que le cocher qui la conduisait, que le boucher qui fournissait les gigots de mouton, que le charbonnier qui envoyait de quoi les rôtir, que le cuisinier qui les accommodait, que les domestiques qui les mangeaient, et en cela, soyez-en sûr, on faisait comme beaucoup de gens qui savent mener grand train sans avoir un sou de revenu.

Selon la théorie économique appelée « effet de diffusion » (trickle-down), il est bon que les riches s'enrichissent dans la mesure où une partie de leur richesse, grâce à des dépenses qu'on suppose considérables, « tombera » goutte à goutte jusqu'à ceux qui occupent les échelons inférieurs de l'économie. Notons que la métaphore veut qu'il s'agisse non pas d'un déluge, mais d'un lent écoulement, semblable à celui d'un robinet qui fuit : comme l'atteste leur vocabulaire, même les tenants les plus optimistes d'une telle théorie n'envisagent pas un flux important. Mais, dans l'imagination des humains et donc dans leur vie, tout a une version positive et une version négative. Si la théorie de la diffusion de la richesse est positive, la contrepartie négative serait la diffusion de la dette. Les dettes que les grands débiteurs refilent aux autres ne sont peut-être pas en elles-mêmes énormes, mais elles le sont pour ceux sur qui elles retombent. Ainsi, le pauvre M. Raggles, dont les Crawley louent la maison sans jamais rien débourser, est ruiné pour de bon lorsque ces derniers, leur foyer en déconfiture, décampent.

L'image de la Foire aux vanités est tirée du roman de John Bunyan intitulé *Le Voyage du pèlerin*. Elle renvoie au sens de l'Ecclésiaste (« vanité des vanités, tout est vanité »), mais désigne aussi les biens terrestres, matériels et spirituels, sans oublier l'état d'esprit selon lequel tout, absolument tout, est à vendre. La liste de ce que propose la Foire aux vanités de Bunyan est exhaustive : « On y vend des maisons, des jardins, des commerces, des places, des honneurs, des dignités, des titres, des seigneuries, des royaumes, des voluptés, des plaisirs, des divertissements de toutes espèces, des prostituées, des femmes, des maris, des enfants, des maîtres, des serviteurs, des vies, du sang, des corps, des âmes, de l'argent, de l'or, des perles, des pierres précieuses et beaucoup d'autres choses encore. »

Beaucoup, en effet. Toute société humaine fixe des limites à ce qui peut être acheté et vendu, mais, dans la Foire aux vanités de Bunyan, il n'y a pas de limites. Néanmoins, écrit-il, tout voyageur doit la traverser. C'est un lieu sinistre, où on voit « des jongleries, des tromperies, des jeux, des spectacles, des folies, des singeries, des vilenies de toutes sortes », sans parler « des voleurs, des meurtriers, des adultères, des parjures de toute espèce ». En fait, on a affaire à une banlieue de l'Enfer, et la traversée se conclut sur un horrible épisode de torture et de démembrement. C'est une vision née d'un choc — de la collision entre l'ancien monde dominé par la foi et le nouveau, où le commerce sera non seulement roi, mais monarque absolu. Les loyalistes de l'ordre ancien — dans lequel les vertus et les allégeances comme la foi, l'espérance et la charité l'emportaient sur l'argent — devaient être au désespoir de sentir le triomphe imminent de Mammon, et la foire aux allures de terrible centre commercial imaginée par Bunyan incarne ce sentiment. À ses yeux, le nouveau monde de l'argent est la Cité de la Destruction, et vous avez intérêt à vous en éloigner le plus vite possible.

Au milieu du XIXe siècle, cependant, la transition était déjà consommée depuis belle lurette. La piété et la pudibonderie restaient présentes — on mettait des jupes même aux fauteuils, et une jeune fille bien élevée évitait soigneusement de s'asseoir sur la chaise que venait de quitter un jeune homme, par crainte de la séduisante chaleur corporelle qui risquait de persister dans le coussin —, mais tout ecclésiastique soucieux de son bien-être évitait les dénonciations vibrantes de la perversion des riches. La voix narrative de Thackeray n'a rien à voir avec celle de Bunyan, directe, pressante, indignée et, diraient certains, empreinte d'une confiance naïve ; chez le premier, on entend plutôt la voix traînante d'un homme du monde perspicace et désabusé qui, en proie à l'ennui, fait la chronique de son milieu mondain. Son roman, nous dit-il, est un théâtre de marionnettes ; or, dans un tel théâtre, les personnages, plus petits que ceux qui les observent, ont pour but de nous divertir et non de nous édifier. Ainsi, *La Foire aux vanités* est un roman comique ou à tout le moins ironique : Rawdon Crawley et Becky Sharp échappent aux conséquences de leurs fraudes et de leurs vols et s'échappent littéralement, puisqu'ils fuient l'un et l'autre les lieux du crime et aboutissent dans un pays autre que l'Angleterre.

Le récit de Becky Sharp et de Rawdon Crawley est la version comique du « Essaie un peu de récupérer ton argent » de Berne, mais, au XIXe siècle, les histoires de dettes sont la plupart du temps beaucoup plus sombres. Le thème est si omniprésent qu'il est difficile de se limiter à un petit nombre d'exemples. Devrions-nous naître dans une prison pour dettes comme *La Petite Dorrit* de Dickens ? Ou suivre les conséquences de dettes contractées sans réfléchir comme dans *La Case de l'oncle Tom*, où on vend des humains pour effacer l'ardoise ? Ou encore plonger dans la ruine la plus totale de *Dombey et Fils* ? Devrions-nous plutôt faire un saut de quelques décennies et réfléchir au triste destin de deux apprentis écrivains acculés à la faillite, et donc à la mort, dans *La Rue des Meurt-de-faim (New Grub Street)*, roman implacable de George Gissing consacré aux pisseurs de copie ?

Ou devrions-nous nous intéresser aux conséquences de l'endettement sur les femmes ? Nous pourrions commencer par *Madame Bovary*, de Flaubert. Il s'agit du portrait d'une épouse de province qui, pour échapper à l'ennui, succombe à l'amour romantique, aux relations sexuelles extraconjugales et à la surconsommation et qui, lorsque sa double vie la rattrape et que ses créanciers menacent de la dénoncer, s'empoisonne. Le livre a subi un procès pour obscénité, et Flaubert, dans sa défense, a cité le cadavre à l'aspect repoussant d'Emma comme preuve de la moralité intrinsèque du livre : en clair, le salaire du péché de la chair est l'arsenic qui, en plus de vous tuer, détruit votre beauté. Mais l'adultère est une fausse piste. Emma est punie non pas pour ses écarts sexuels, mais bien pour ses dépenses effrénées. Si elle s'était initiée à la comptabilité en partie double et qu'elle s'était fixé un budget raisonnable, elle aurait pu s'adonner au passe-temps de l'adultère jusqu'à la fin de ses jours — jusqu'à ce que ses chairs ramollissent, en fait —, mais de façon plus frugale.

Peut-être aussi pourrions-nous traverser l'Atlantique et suivre, dans *Chez les gens heureux* d'Edith Wharton, la pitoyable existence de Lily Bart, qui, si elle avait su mieux administrer ses dettes, se serait elle aussi évité l'autoempoisonnement. C'est que l'impétueuse Lily n'a pas assez réfléchi au principe du donnant-donnant : l'homme qui vous prête de l'argent sans vous faire payer d'intérêts exigera d'être remboursé d'une autre manière. Lily s'y refuse de la même façon qu'elle refuse de se montrer cynique en monnayant les lettres compromettantes d'une fausse amie. Il n'y a donc pas de place pour elle dans le monde matériel : Lily Bart est aussi pure qu'un lis (en anglais, cette fleur s'appelle d'ailleurs *lily*), trop pure en fait pour trafiquer (Bart est une forme abrégée du verbe *to barter*, qui veut justement dire troquer ou échanger). Elle est brièvement à vendre sur le marché des filles à marier, mais, comme elle n'a pas d'argent, son prix est peu élevé, et elle n'aime aucun des enchérisseurs louches qui s'intéressent à elle. Ensuite, sa réputation est injustement salie. Et qui veut d'un bien endommagé ?

Cela nous amène à nous interroger sur les deux sens du mot « ruine » au XIXe siècle. Pour un homme du XIXe siècle, il signifiait la ruine financière : vous accumulez des dettes impossibles à rembourser et vous voyez des huissiers et des syndics débarquer chez vous et saisir vos biens. Vos vêtements tombent en loques, puis vos ex-connaissances vous évitent dans la rue. Pour une femme du XIXe siècle, en revanche, la ruine est d'abord et avant tout d'ordre sexuel : elle a eu des rapports sexuels, voulus ou non, avant le mariage ou est soupçonnée de l'avoir fait, ce qui n'entraîne pas forcément la ruine financière, pour peu qu'elle arrive à tourner la situation à son avantage. À ce sujet, voici un extrait d'un poème ironique de Thomas Hardy :

« Ô 'Melia, très chère, cette fois, c'est le bouquet !
Qui eût cru que je vous reverrais en ce troquet ?
D'où une telle richesse, une tenue si belle ? »
« Ne saviez-vous pas que j'ai été ruinée ? » dit-elle.

« Vous nous avez quittés en haillons, pieds nus,
Lasse d'arracher des patates, de racler menu ;
Et vous voilà parée de bracelets comme une demoiselle ! »
« C'est ainsi qu'on se vêt quand on est ruinée », dit-elle.

« Vous aviez la peau blême et de grosses pattes,
Et me voilà ensorcelée par votre joue délicate
Et vos petits gants ornés de fine dentelle ! »
« On ne travaille pas quand on est ruinée », dit-elle.

[…]

« Comme je voudrais avoir une toque de renard,
Un visage exquis, et me promener sur les boulevards ! »
« Ma chère, une campagnarde comme vous, une pucelle,
Ne peut aspirer à tel destin. Vous n'êtes pas ruinée ! » dit-elle.

Le poème prépare à merveille l'entrée en scène du roman le plus exemplaire pour nos fins, puisque s'y conjuguent l'endettement avec les deux types de ruine, financière et sexuelle. Je veux parler du *Moulin sur la Floss* de George Eliot, dont voici l'histoire.

Deux enfants, Maggie et Tom Tulliver, habitent le Moulin de Dorlcote, au bord de la Floss — un moulin à eau qui broie le blé pour en faire de la farine — et leur père est le meunier…. Mais je dois ici ouvrir une parenthèse. Car Maggie Tulliver est fille de meunier, et non de papetier ou de plombier, et ce détail a son importance. Je dirai donc quelques mots des moulins, car le statut de fille de meunier revêt une importance mythique considérable. Comme celui de meunier. Et, pendant que j'y suis, comme celui de moulin.

Moulins, meuniers, filles de meunier. J'aborderai ces trois sujets dans l'ordre.

Les moulins à eau sont très anciens. En Occident, ils remontent aux Grecs et aux Romains. Si on en parlait, à cette époque-là, c'était plutôt en bien : les moulins, en effet, effectuaient le travail des humains — les esclaves, en général, comme Samson aux yeux crevés — et des animaux. Utilisés par les Anglo-Saxons, ils étaient omniprésents au Moyen Âge. En cours de route, ils sont toutefois devenus suspects. D'abord, il s'agissait d'appareils mécaniques. Ils faisaient l'envie des paysans superstitieux — « Je donnerais cher pour en avoir un ! » — et attisaient leur méfiance : « Un objet qui fonctionne tout seul a forcément quelque chose de diabolique. » Ils inspiraient peut-être aussi de la crainte. Et si cet engin se détraquait ? Comment ferais-je pour l'arrêter ? Vous voyez le genre. Pour avoir une idée de cette forme de peur, songez aux premiers films mettant en vedette des robots, ou encore à votre première expérience avec un robot culinaire.

Les moulins magiques qui ont la manie de ne pas s'arrêter constituent un motif folklorique largement répandu. Un paysan pauvre fait l'acquisition d'un moulin manuel qui produit tout ce qu'il désire et lui permet de devenir très riche; mais quelqu'un d'autre s'en empare et commence à fabriquer une substance désirable — du porridge dans les contes des frères Grimm —, puis il n'arrive pas à l'arrêter : la maison et la rue sont inondées de porridge, quelle horreur. On trouve une intrigue similaire dans *L'Apprenti sorcier*, dont vous avez peut-être aperçu le motif pour la dernière fois dans le film de Walt Disney intitulé *Fantasia* : la souris Mickey joue le rôle de l'apprenti et le robot que rien ne peut arrêter prend la forme d'un balai et d'un seau. Morale : méfiez-vous, car tout se paie. Sans exception. Sinon, c'est qu'il y a un piège. Hermès est le dieu des ruses, des mensonges, des voleurs, de la communication et du commerce — bref de tout ce qui bouge et coule —, mais il est aussi le dieu des appareils mécaniques, par exemple les moulins.

Selon la version du moulin manuel retors que je connaissais, enfant, grâce au *Blue Fairy Book* d'Andrew Lang, le paysan acquiert le moulin en se rendant dans le repaire du Mort, où il procède à un échange : il obtient le moulin, et les morts, un jambon. C'est tout à fait sensé pour deux raisons : dans les contes traditionnels, les morts sont toujours affamés, tandis que les appareils mécaniques — en raison de leur nature mystérieuse et inquiétante — viennent sans doute de l'autre monde, peu importe comment on l'appelle. Le malin paysan ordonne au moulin de produire de l'or, et ce dernier s'exécute. En fait, il produit de l'or au point de susciter la jalousie du riche frère du paysan. Ce dernier parvient à acheter le moulin et lui ordonne de produire des harengs. Seulement, il a oublié de demander comment arrêter l'appareil et, bientôt, il est inondé de harengs. En fin de compte, un capitaine de la marine marchande achète le moulin et lui ordonne de broyer du sel, dont il fait le négoce. Ainsi, il n'aura plus à naviguer pour en trouver. Seulement, il est lui aussi impuissant à trouver le bouton d'arrêt. Alors il emporte l'appareil infernal loin sur la mer et le jette par-dessus bord. En ce moment même, il est au fond de l'océan, où il continue de fabriquer du sel, et c'est pour cette raison que la mer est salée.

Vous voilà renseigné.

Vous vous posez peut-être la question suivante : pourquoi l'idéaliste don Quichotte, qui croit avoir affaire à des géants maléfiques, s'attaque-t-il justement à des *moulins à vent*? Pourquoi pas d'autres objets de haute taille, comme des arbres ou des tours? Mais vous connaissez déjà la réponse. Les moulins à vent sont des mastodontes aux mouvements incessants et qui tournent tout seuls; du seul fait de leur nature, ils ont une sale réputation. (Dans le merveilleux opéra *Don Quijote* de Cristóbal Halffter, les moulins sont remplacés par les rotatives d'un journal. L'idée est la même, sauf que, dans ce cas, les moulins produisent sans relâche des nouvelles et des rumeurs, vraies et fausses.) De même, les moulins annoncent l'arrivée de la révolution industrielle, que don Quichotte pressent. Cette révolution et ses conséquences seront forcément néfastes pour un romantique chevaleresque comme lui, de la même façon que la Foire aux vanités est néfaste pour un romantique religieux comme John Bunyan.

William Blake était conscient des qualités infernales des moulins. Lorsqu'il a décrit, dans son célèbre poème intitulé *Jérusalem,* les « sombres moulins sataniques », les moulins en question produisaient non seulement de la farine, mais aussi des textiles, engloutissant au passage de nombreux esclaves salariés au teint maladif. Mais les moulins de Blake avaient déjà une réputation diabolique — issue d'une longue lignée héréditaire. Celle-ci, qui se poursuit tout au long du XIXe siècle, engendre des récits de la révolution industrielle, comme *Mary Barton* d'Elizabeth Gaskell, illustration classique de la vie dans une petite ville industrielle, et, au Canada, *The Master of the Mill (Le Maître du moulin)* de Frederick Philip Grove, drame mettant en vedette un grand patron.

Passons maintenant aux meuniers. Quand j'étais en troisième année, nous chantions à l'école. Il est d'ailleurs grand temps de revenir au chant : les spécialistes, en effet, nous disent qu'il s'agit non pas d'une activité superflue, mais au contraire d'une aide nécessaire à la croissance des voies neuronales des jeunes. Bref, chanter rend intelligent. Quoi qu'il en soit, nous chantions, à cette époque-là, et certaines chansons étaient pour le moins étranges. L'une d'entre elles s'intitulait *The Miller of Dee (Le Meunier de la Dee)*. Voici celle que j'ai apprise :

Il était une fois un gai meunier
Qui vivait au bord de la Dee ;
Du matin au soir il travaillait en chantant,
L'alouette n'était pas plus heureuse que lui.
Et le refrain de sa chanson
Allait toujours comme suit :
Je ne m'occupe de personne, non, pas moi,
Et personne ne s'occupe de moi.

Je me demande bien pourquoi on a voulu faire d'un tel sociopathe un modèle pour des choristes en herbe comme nous. Il existe des versions édulcorées où le meunier ne s'occupe de personne *si* personne ne s'occupe de lui ; il incarne alors l'indépendance financière à l'anglaise. Pour ma part, j'ai appris celle dans laquelle le meunier se fiche de ses semblables, et c'est sans doute la version originale. Dans un article intitulé « Mills and Millers in Old and New World Folksong », Jessica Banks nous apprend que, dans le folklore, les meuniers font souvent figure de voleurs et d'escrocs qui dépouillent les paysans en trichant sur le poids de leur production et en en prélevant une partie pour leur usage personnel. Un proverbe du XVIIe siècle dit d'ailleurs : « Mettez un meunier, un tisserand et un tailleur dans un sac, secouez-le bien, et le premier qui en sortira sera un voleur. » En d'autres termes, on soupçonnait les membres des trois professions d'être malhonnêtes. Pourquoi ? Parce que, au lieu de fabriquer ou de faire pousser des choses — activités qui donnent des résultats tangibles et donc compréhensibles —, ils transformaient le grain en farine, le fil en tissu et le tissu en vêtement. Or, une telle valeur ajoutée est difficile à quantifier. Et il était toujours possible de chiper une partie de la matière première.

C'est assurément le cas du meunier qui apparaît dans le *Conte du régisseur* de Chaucer. Le meunier, prospère et orgueilleux, réussit à faire main basse sur un demi-boisseau de la farine qui revient de droit aux deux étudiants du collège qui lui ont apporté à moudre les céréales de leur établissement. Mais, comme le précise l'un d'eux, il y a une loi qui prescrit ceci : « Quiconque est lésé de quelque façon / Recevra autrement satisfaction. » Les étudiants se dédommagent donc en séduisant la fille et la femme du meunier ; ce faisant, ils rappellent que ce n'est pas toujours en argent que les dettes — en particulier les dettes d'honneur — sont remboursées.

Le conte montre également qu'il est dangereux d'être fille de meunier, car vous risquez alors de faire les frais des méfaits de votre père. La nature morale ambiguë des moulins et l'héritage funeste des meuniers du folklore sont source d'ennuis ; en cas de pépin, c'est vraisemblablement vous qui allez écoper.

Un conte des frères Grimm intitulé *La Jeune Fille sans mains* va comme suit : un meunier éprouve des ennuis financiers et, à la fin, il ne lui reste que son moulin et le pommier qui pousse derrière. Un jour, le pauvre homme rencontre un étrange vieillard qui lui promet de faire sa fortune en échange de ce qui se trouve derrière le moulin. Le meunier, qui croit que le vieillard veut parler de l'arbre, signe un contrat écrit. (Le conte, véritable mise en garde contre le danger des formulations vagues dans les documents juridiques, devrait faire partie des lectures obligatoires des étudiants en droit.) Mais le vieillard est le Diable — nous, lecteurs, l'avions déjà compris, car personne d'autre ne s'amuse à faire signer des contrats du type « c'est trop beau pour être vrai » —, et c'est la fille du meunier qui se trouve derrière le moulin.

Le contrat est d'une durée de trois ans. À l'échéance, le Diable, venu réclamer son dû, souhaite emporter la fille du meunier — qui, en des termes jungiens, représente le bon côté de l'âme du meunier. Mais c'est une fille pieuse, et elle se lave avec beaucoup de soin. Comme la propreté est voisine de la sainteté, le Diable n'a aucun pouvoir sur elle. Il ordonne donc au meunier de lui enlever l'eau dans laquelle elle se lave, mais elle pleure tant que, sous le flot des larmes, ses mains restent très blanches. Alors le Diable ordonne qu'on les lui coupe. Mais elle pleure de la même manière sur ses moignons et, la troisième fois sera la bonne, le Diable repart bredouille.

Dans le reste du conte, on relate la vie de la fille du meunier, qui s'en va de par le vaste monde. (On la comprend de ne pas avoir eu envie de rester auprès d'un père qui l'a vendue au Diable et lui a coupé les mains.) Elle bénéficie de la protection d'un ange qui l'aide à manger une poire du poirier du roi. Celui-ci épouse la fille du meunier et lui fait fabriquer des mains en argent. Le Diable, cependant, s'intéresse toujours à elle. Dans le dessein de la faire tuer, il a recours à un stratagème éprouvé, c'est-à-dire substituer aux lettres du roi des lettres écrites de sa main, dans lesquelles la fille du meunier est injustement accusée d'avoir donné naissance à un monstre — signe qu'elle a été mauvaise et impure — et condamnée à mort. Elle repart donc de par le vaste monde sous la protection d'un nouvel ange gardien. Comme *La Jeune Fille sans mains* est un conte de fées, tout s'arrange à la fin pour l'héroïne. Le roi lui est rendu et elle donne naissance à un enfant adorable. Et comme elle a été vraiment très sage, ses mains repoussent.

En revanche, *Le Moulin sur la Floss* de George Eliot n'est pas un conte de fées. Maggie et Tom Tulliver vivent au moulin de Dorlcote avec leur père, M. Tulliver, meunier de son état, qui se trouve lui aussi aux prises avec des difficultés financières. Il ne rencontre pas le Diable et ne signe pas de contrat avec lui, mais il fait l'équivalent pour le XIXe siècle : sa propension à intenter des poursuites malavisées lui fait courir des risques et met sa famille en danger. L'objet du litige, c'est la propriété de l'eau de la Floss : Tulliver veut faire échec à des barrages et à des projets d'irrigation qui, croit-il, diminueront le débit de l'eau qui fait tourner son moulin. L'avocat qui représente ses adversaires est Wakem, et c'est sur lui que se portent la fureur et le ressentiment de Tulliver.

Tulliver est un honnête meunier, répète Eliot ; elle se doit d'insister, car l'honnêteté est contraire à sa profession. C'est l'adversaire de Tulliver, l'avocat Wakem, qui incarne le meunier rusé et retors du folklore ; et il devient effectivement meunier, en un sens, dans la mesure où il finit par acheter le moulin de Tulliver. S'il avait été plus malhonnête, ce dernier aurait peut-être mieux compris les règles du jeu. En l'occurrence, il est simplement en colère, malavisé et déconcerté par ceux qu'il appelle les « coquins ». Il perd son ultime procès et doit assumer de lourds dépens, dommages et intérêts, ce qui a pour effet de plonger sa famille dans l'endettement. Ayant tout perdu, Tulliver subit une attaque qui le laisse temporairement invalide. Il y a forclusion de l'hypothèque du moulin, les biens du ménage sont saisis et vendus. Tom et Maggie — encore adolescents — doivent quitter l'école et, dans l'étroite société provinciale qui les entoure, entrer dans le dur monde du travail rémunéré.

D'habitude, on voit dans ce roman le récit proto-féministe de la vie de Maggie Tulliver, futée, impétueuse, idéaliste, passionnée, mais contrariée, le portrait d'une femme née avant son temps — et, à plusieurs titres, cette interprétation est juste. Et si on le lisait plutôt dans l'optique des dettes de M. Tulliver ? Elles sont, en effet, le moteur de l'action : ce sont elles qui font avancer le récit, transforment l'état d'esprit des personnages et déterminent leurs réactions. Sans les dettes de M. Tulliver, Maggie aurait peut-être déniché un parti solide. Elle se retrouve plutôt sans le sou, ce qui, au XIXe siècle, est synonyme d'une très grande vulnérabilité. À l'époque comme aujourd'hui, l'absence de moyens financiers limite considérablement la marge de manœuvre de chacun, dans la consommation comme dans la recherche de l'âme sœur. Maggie est une jeune fille sans mains : à cette époque, les occupations honnêtes susceptibles d'assurer de bons revenus à une femme sont très rares, et Maggie n'a pas de talents particuliers — ses travaux de couture sont banals, sans distinction.

Seule, en proie au sentiment d'être abandonnée, privée des douceurs de la vie, elle s'empêtre dans une sorte de carré amoureux : Philip Wakem, le fils de l'avocat, l'aime ; elle aime Stephen, le prétendant de sa cousine Lucy ; Stephen aime Maggie ; Maggie se sent l'obligation de rester loyale envers Lucy. En fin de compte, Maggie est injustement accusée d'inconduite sexuelle, comme la jeune fille sans mains. Pieuse, Maggie renonce à Stephen, car, en l'épousant, elle aurait le sentiment de manquer à ses principes de chrétienne ; en agissant de la sorte, elle se montrerait de plus égoïste et trahirait sa cousine Lucy. Il n'y a pas d'ange gardien pour Maggie, cependant : c'est la ruine. Presque tout le monde la rejette, y compris le pasteur qui la défend au début — ses paroissiens commencent à commérer —, et en particulier son frère adoré, Tom, dur et impitoyable. Les mères seront heureuses d'apprendre que Mme Tulliver se range du côté de sa fille, même si, dans un tel contexte, l'appui d'une matrone compte beaucoup moins que dans un groupe de chimpanzés.

Entre-temps, l'infortuné M. Tulliver, ayant fait faillite, est resté au moulin de Dorlcote en qualité de « gérant ». Son patron est donc son ennemi juré, l'avocat Wakem, qui a acheté le moulin et embauché Tulliver en vue d'assouvir une vengeance compliquée : « Les hommes prospères s'offrent une petite vengeance, de temps à autre, comme ils s'offrent une petite distraction, quand elle se présente à eux facilement, et ne gêne en rien leurs affaires. Mais ces petites vengeances sans passion ont un effet considérable dans la vie et permettent, quand on les inflige, de passer par tous les degrés du plaisir ; elles empêchent les hommes compétents d'accéder à des situations ; elles ternissent des réputations par des propos inconsidérés. »

. C'est la théorie de la vengeance par effet de diffusion, en somme, et Wakem se fait un malin plaisir de la mettre en pratique :

> elle [cette idée] se présentait à lui comme un plaisir : celui de faire précisément ce qui causerait à M. Tulliver la mortification la plus cuisante. Il s'agirait aussi d'un plaisir d'une nature complexe, qui ne serait pas fait de méchanceté brute, mais où se mêlerait le goût suave de la satisfaction personnelle. Voir un ennemi humilié donne un certain contentement ; mais c'est bien maigre, comparé à la satisfaction très raffinée de le voir humilié par votre initiative bienveillante […] C'est une sorte de vengeance qui tombe dans le plateau de la balance de la vertu, et Wakem n'était pas dépourvu de l'intention de garder ce plateau respectablement rempli.

Tulliver accepte le marché pour pouvoir rester dans la magnifique maison ancestrale qu'il aime tant et fournir à sa femme un minimum de sécurité. Pourtant, il en veut à Wakem du traitement qu'il lui fait subir et refuse de lui pardonner parce que « c'est comme ça que le Malin soutient les canailles ». Il oblige Tom à écrire dans la bible familiale que ni Tulliver ni lui ne pardonneront jamais à Wakem et qu'il lui souhaite du malheur. Maggie proteste : « C'est mal de maudire et de garder rancune », et elle a raison. Il est de très mauvais augure d'utiliser la bible comme support d'un tel contrat — car il s'agit bel et bien d'un contrat que Tom doit signer. Mais quelle est l'autre partie en cause ? Dieu ? Qu'il nous soit permis d'en douter. Naturellement peu porté à pardonner, Tom, cependant, n'a aucun scrupule à apposer sa signature.

Tom se lance en affaires et, grâce à son labeur acharné et à quelques judicieuses transactions, il réussit à gagner assez d'argent pour rembourser les dettes de son père. Le jour où ses dettes sont réglées, M. Tulliver rencontre l'avocat Wakem, qui l'insulte de nouveau ; Tulliver, toutefois, se sent libre de quitter son emploi et administre une bonne correction à Wakem afin de « rétablir un peu de justice ». Puis, terrassé par une nouvelle attaque, il quitte ce monde en invoquant les vieilles notions d'équilibre et de justice : « J'ai eu mon tour… Je l'ai battu. Ça n'était que justice. J'ai jamais rien demandé d'autre que la justice. » Certaines dettes ne peuvent être remboursées en argent, et c'est le cas ici. Tulliver a été débiteur, mais il a aussi le sentiment d'être créancier : à cause des mauvais traitements qu'il lui a infligés, Wakem lui est redevable, et sa dette doit être payée en souffrances et en humiliations.

Nous avons déjà été témoins de conflits comme celui qui oppose Tulliver à Wakem, c'est-à-dire le type romantique et honnête face à l'exploiteur cynique, au nouveau riche, à l'arnaqueur, sauf que le moulin infernal et son meunier autrefois retors se retrouvent ici du côté du passé et de la naïveté, tandis que la supercherie réside désormais dans l'application rigoureuse du droit. Le pouvoir a basculé : autrefois exercé par ceux qui fabriquaient des biens, il est aux mains de ceux qui traitent les contrats les régissant.

Hermès — dieu du commerce, des voleurs, des mensonges, des combines, des astuces et des mécanismes — a changé d'allégeance. Et il en est encore ainsi aujourd'hui. Les « meuniers malhonnêtes » ne font plus l'objet de plaisanteries. Mais combien de blagues sur les « avocats véreux » connaissez-vous ?

Les choses finissent mal pour les Tulliver, comme pour don Quichotte. Le père meurt. Peu de temps après, Tom et Maggie se noient dans une inondation, non sans s'être réconciliés au dernier moment. Comme le personnage du *Voyage du pèlerin* de John Bunyan appelé Chrétien — livre que Tom et Maggie ont d'ailleurs beaucoup lu quand ils étaient enfants —, ils obtiennent leur ultime récompense en passant par les eaux de la mort. Ainsi que le dit le dicton, la mort efface toutes les dettes, les dettes morales, en tout cas, comme celles que Maggie croit avoir contractées envers Lucy.

Remis de la raclée qu'il a subie, l'avocat Wakem, lui, s'en sort. On n'est pas, je le répète, dans un conte de fées.

Au début du chapitre, j'ai évoqué la dette comme « récit de vie » dans l'esprit de la description que fait Eric Berne des variantes du jeu vital qu'il appelle « Le débiteur ».

Mais on retrouve aussi la dette dans un vrai jeu — un ancien jeu de société anglais. En fait, c'est l'un de ceux dont est témoin le Scrooge invisible à la fête de Noël donnée par son neveu. Et ce n'est pas par hasard que Dickens — car tout ce que les esprits font voir à Scrooge a rapport à sa misérable existence — a choisi le jeu des « Gages touchés ».

Il existe de nombreuses variantes de ce jeu, mais voici les règles de la version peut-être la plus ancienne et la plus complète que nous connaissions. Les participants s'assoient en cercle et désignent le juge. Chacun d'eux — le juge y compris — cède un article personnel. Derrière le dos du juge, on choisit un de ces articles, on le brandit et on récite les vers suivants :

Un objet lourd, très lourd plane au-dessus de ta tête.
Que dois-je faire pour le racheter ?

Le juge — qui ignore de quel article il s'agit — mentionne une acrobatie, que le propriétaire de l'article doit exécuter. Les absurdités qui s'ensuivent sont source d'une grande hilarité.

Le jeu s'inspire de deux modèles tirés de la vie réelle. Le premier et le plus inoffensif est la boutique du prêteur sur gages, à ce détail près que le lourd objet qui plane au-dessus de la tête de l'intéressé est une dette qu'il doit rembourser pour pouvoir récupérer l'objet engagé. Le second modèle, qui est aussi plus sinistre, c'est la condamnation d'un prisonnier. L'objet qui pend au-dessus de sa tête est la hache du bourreau ; l'objet à dégager, c'est sa vie.

Tout ce que nous, humains, imaginons — y compris la dette — peut être converti en jeu, en sujet de divertissement. Inversement, tous les jeux, aussi frivoles soient-ils, peuvent être pratiqués de façon très sérieuse et parfois très désagréable. Si vous avez déjà joué au bridge avec d'impitoyables coupeurs d'as aux cheveux blancs ou vu à la télé des mères de meneuses de claque prêtes à tuer les rivales de leur fille, vous êtes déjà au courant. Entre la marelle et la bataille de Waterloo — entre les jeux d'enfants et les jeux de guerre — se situent le hockey, le football nord-américain et d'autres sports du même acabit (et les spectateurs qui hurlent : « Tue-le ! » ne plaisantent qu'à moitié). Mais si le jeu devient dur pour de vrai, on a affaire à ce qu'Eric Berne appelle sa « forme aiguë ». Dans de tels cas, les joueurs risquent gros, les coups bas pleuvent et la partie se termine parfois au milieu d'une flaque de sang.

C'est aux formes aiguës des jeux auxquels se livrent les débiteurs et les créanciers — la vengeance, le crime, les pénalités, la macroéconomie, les manquements qui se chiffrent en milliards de dollars et les révolutions motivées par l'endettement — que je m'intéresserai dans le prochain chapitre, qui s'intitule tout simplement « La face cachée ».

QUATRE

La face cachée

Je sais ce que vous pensez. *N'avez-vous pas déjà été assez sombre, vous et vos monts-de-piété de l'âme, vos mangeurs de péchés, vos pactes avec le Diable et le reste ? Peut-on s'enfoncer encore plus profondément dans les ténèbres ?* Ah oui. Beaucoup plus profondément, même. Car les choses sont à leur plus sombre juste avant de s'assombrir encore. Mais qu'à cela ne tienne : la lueur d'espoir, je la réserve pour la toute fin. Telle Pandore.

Voici donc la question que je poserai dans le présent chapitre : que se passe-t-il lorsqu'on ne s'acquitte pas de ses dettes, qu'on n'en est pas capable ou qu'on s'y refuse ? Cette première question en soulève d'ailleurs une autre : que se passe-t-il lorsque les dettes en question sont, par leur nature même, du genre qu'on ne peut rembourser avec de l'argent ?

Je me suis intéressée à la dette pour plusieurs raisons, dont la perplexité que m'inspirait une expression qu'on n'entend plus très souvent, mais qui revient quand même de temps en temps : « Il a payé sa dette envers la société », avions-nous l'habitude de dire. « Le crime ne paie pas », disions-nous également, convaincus, en véritables optimistes, que le crime ne profite pas à celui qui le commet ; par ailleurs, sur une note pessimiste, on peut interpréter la phrase comme suit :

le Crime, ce fieffé parasite, décampe toujours sans payer ce qu'il vous doit.

Dans les bandes dessinées aux couleurs criardes des années 1940 que je lisais, enfant, le crime ne payait effectivement pas. Dans ces récits moraux, quoique remplis d'événements épouvantables, les criminels commettaient force vilenies, habituellement à la lueur d'une ampoule nue ou de deux phares de voiture de forme conique, mais ils finissaient toujours par se faire prendre. « Tu es cuit », disait alors quelqu'un. La formule me plongeait dans la perplexité : fallait-il comprendre que le type, avant d'être épinglé, était cru ? Ou encore, au milieu d'éclats rouges et jaunes, le méchant, acculé à un mur, mourait sous une pluie de projectiles en poussant une série de « Aaaahhhh ». Si, d'aventure, il était coffré et non trucidé, il payait dans l'autre sens du mot, c'est-à-dire qu'on l'obligeait à « payer pour ses crimes ».

L'expression laisse croire à l'existence d'un supermarché du crime où on peut examiner les délits offerts, jeter son dévolu sur quelques-uns, passer à la caisse, régler en espèces ou présenter sa carte de crédit — plus les crimes sont gros, plus ils sont chers, et vice-versa — et partir gaiement les commettre. Un tel supermarché a bel et bien existé. En effet, à une certaine époque, l'Église catholique vendait des indulgences (on payait toutefois après les mauvaises actions et non avant). Encore aujourd'hui, on trouve le même genre d'entreprise, coiffé de différents noms : Hells Angels, Mafia et autres organisations proposant des services criminels. Les modalités, me dit-on, sont les suivantes : cinquante pour cent à la commande, cinquante pour cent à la livraison. Ce n'est cependant pas ce qu'on entend en général par « payer pour ses crimes ».

De la même façon, « payer sa dette envers la société » signifiait à l'origine non pas payer une amende, mais bien être exécuté ou être emprisonné. Examinons cette question à la lumière de ce que nous avons dit du débiteur et du créancier, véritables jumeaux oscillant sur les deux plateaux d'une balance ; on atteint l'équilibre lorsque toutes les dettes ont été payées. Si la personne exécutée ou emprisonnée est le débiteur, réputé devoir quelque chose à quelqu'un, et que le créancier est la société, quels avantages cette dernière tire-t-elle de l'exécution ou de l'emprisonnement ? Ces avantages ne sont certainement pas d'ordre financier : intenter un procès à un débiteur, l'emprisonner, le décapiter, l'éviscérer, le condamner au bûcher, l'électrocuter jusqu'à ce que la fumée lui sorte par les oreilles, etc., coûte une petite fortune. Le paiement en question était donc d'un autre ordre.

Si nous appliquions toujours à la lettre la loi du talion (œil pour œil, dent pour dent), l'exécution aurait encore un sens — si le condamné avait tué quelqu'un, s'entend. Un cadavre pour un cadavre, et les plateaux de la balance sont en équilibre. Difficile, cependant, d'établir une telle équivalence à propos des peines d'emprisonnement : d'où, pour un crime donné, les verdicts très différents rendus selon les lieux et les époques. Quant aux avantages pour la société, ils sont nuls et même moins que nuls : en effet, c'est le contribuable, et non le détenu, qui éponge la facture. Sur le strict plan financier, l'incarcération, au regard de ses justifications les plus courantes — selon lesquelles il s'agit d'une mesure visant à dissuader d'éventuels criminels et à rééduquer le détenu —, ne semble pas très intéressante. L'éducation est une méthode de dissuasion moins coûteuse et plus efficace ; les peines de substitution (travaux communautaires) sont une méthode moins coûteuse et plus efficace pour élever le sens moral de l'intéressé.

Hélas, le genre de paiement auquel renvoie l'expression « payer pour ses crimes » équivaut en réalité à une forme de vengeance. Il est donc impossible de convertir en espèces sonnantes et trébuchantes la facette du débit (le crime lui-même et ses conséquences potentiellement ruineuses pour autrui) et celle du crédit (l'exultation pharisaïque, le sentiment que le fumier n'a que ce qu'il mérite). Par ailleurs, il y a des dettes qui n'ont rien à voir avec l'argent : on parle alors de dettes d'honneur. En de tels cas, on a le sentiment de devoir arracher d'autres formes de paiement, c'est-à-dire soumettre les parties du corps d'une personne à des coups infligés à l'aide d'un objet contondant ou tranchant. « Adieu, adieu, Hamlet ! Souviens-toi de moi », dit le spectre du père de Hamlet, mais son intention n'est pas de demander à son fils d'aller trouver Claudius et de lui lancer : « Bon, tu as tué mon père, ce sera mille ducats. » Ce qu'il veut dire, c'est que l'équilibre sera rétabli le jour où Claudius mourra non pas de vieillesse, mais aux mains de Hamlet.

La vengeance est un sujet fascinant — pour quiconque a frappé son frère ou sa sœur sous la table et reçu un coup encore plus fort en retour, pour quiconque a lancé une balle de neige et reçu une pierre en retour —, et je suis certaine que vous brûlez d'envie que je vous en parle et que je vous donne des exemples. Prenons le cas de la petite amie éconduite qui entre par effraction dans l'appartement de son ex-amoureux, fait des trous en forme de cœur dans ses cravates haute couture et étend de la pâte d'anchois sur les rideaux de sa chambre ; ou encore celui du petit ami plaqué qui fait livrer une douzaine de couronnes mortuaires ornées d'un ruban noir chez son amoureuse de naguère… accompagnées de la facture ; ou, pis encore, celui du type qui téléphone à la police pour signaler la présence d'un cadavre dans l'appartement de son ex-petite amie en ajoutant que les occupants nieront tout, ce qui obligera les policiers à se procurer un mandat ; ou, loin des jeux d'enfants auxquels s'adonne la bonne société canadienne, celui des corps mutilés qu'on balance devant la porte de son ennemi dans les pays où, en cas de vendettas sanglantes et séculaires, ces rituels sont obligatoires. On ne peut quantifier de telles actions — elles sont plutôt évaluées de manière subjective, comme on le fait dans le domaine de l'art —, et il est impossible de déterminer si telle ou telle vengeance a eu pour effet d'équilibrer les plateaux de la balance. La vengeance peut donc engendrer une longue chaîne de réactions, les unes plus terribles que les autres.

Je réserverai toutefois cette question pour plus tard. La vengeance est un plat qui se mange froid, certes, mais elle nous conduira, par la voie d'une sorte de tunnel des horreurs, dans les recoins les plus sombres et les plus macabres de la psyché humaine. Mieux vaut remettre une telle expérience à la toute fin. D'ici là, nous effectuerons une visite relativement amusante des banlieues les moins sordides du pays des ombres, c'est-à-dire les conséquences du non-paiement de dettes strictement financières.

Que se passe-t-il lorsque vous avez contracté une dette légitime et que vous ne la remboursez pas ? Est-ce le fruit d'un refus ou d'une incapacité ? « *Tu ne peux pas, ou tu ne veux pas*[1] ? » demandent les parents francophones à leurs enfants. Quoi qu'il en soit, toutes les sociétés ont institué des mécanismes — coups et tourments divers — pour obliger le débiteur à cracher : car sans son glaive ou, à tout le moins, le moyen de vous asséner une bonne paire de claques, la déesse de la justice est impuissante.

Par le passé, on a fait subir de nombreux sévices aux mauvais payeurs, de l'esclavage pour dettes à la saisie des biens. Du XVIIᵉ siècle jusqu'au début du XIXᵉ, en Angleterre, votre créancier pouvait vous faire arrêter et vous accuser de cacher vos biens ; on vous jetait alors dans une prison surpeuplée, humide et crasseuse, où vous croupissiez jusqu'à ce vous payiez votre dû ou que quelqu'un d'autre paie pour vous. Pendant votre incarcération, vous deviez assumer le coût de votre nourriture et de votre logement — ironie cruelle lorsqu'on songe à la cause première de l'emprisonnement, à savoir l'indigence. À moins d'une main secourable, vous risquiez donc

---

1. En français dans le texte. (*N.d.T.*)

de mourir de faim et de froid. À propos des prisons pour dettes, Samuel Johnson, redoutable écrivain du XVIIIᵉ siècle, a d'ailleurs écrit ceci :

> Il est vain de préserver une institution qui a fait la preuve de son inefficacité. Nous avons emprisonné des générations de débiteurs sans que leur nombre diminue pour autant. Nous avons aussi appris qu'on ne peut dissuader l'imprudent et l'irréfléchi d'accepter du crédit ; voyons voir si l'escroquerie et l'avarice réussiront mieux à dissuader les gens d'en accorder. [...] Les législateurs donnent l'impression d'avoir postulé que le défaut de paiement est toujours un crime commis par le débiteur. La vérité, cependant, c'est que le créancier, qui a mal placé sa confiance, assume une part de responsabilité et souvent de culpabilité. En général, un homme en fait incarcérer un autre pour défaut de paiement de sommes qu'il a librement prêtées dans l'espoir d'en tirer un avantage personnel, et son profit est directement proportionnel à sa propre évaluation des risques. Rien ne justifie que l'un punisse l'autre pour l'exécution d'un contrat à propos duquel ils se sont tous deux entendus.

En d'autres termes, l'emprunteur et le prêteur sont conjointement responsables de l'échec de leur entente : le premier a compromis sa sécurité en empruntant, tandis que le second a cherché à réaliser un profit — qu'on suppose exorbitant — en exploitant la situation désespérée de l'emprunteur ou les risques excessifs qu'il a pris. Ils ont conclu un contrat dans leur intérêt commun, et son échec est donc à mettre au compte de leur mauvais jugement et de leur cupidité à tous les deux. Par ailleurs, la clémence envers les débiteurs emprisonnés prêchée par Samuel Johnson s'explique peut-être par le fait qu'il a bien failli être du nombre.

Souvent, la famille du débiteur anglais s'installait avec lui dans la prison. Sa femme et ses enfants travaillaient pour payer la nourriture et le logement communs. On n'est pas très loin du code de Hammourabi, vieux de quatre mille ans, lequel autorisait un homme à vendre sa femme et ses enfants pour s'acquitter d'une dette. Pas très loin non plus des enfants indiens asservis, lesquels, selon Human Rights Watch, seraient quinze millions. Ces enfants effectuent de longues heures de travail acharné pour payer des dettes que leurs parents ne pourraient rembourser autrement. Dans l'Angleterre du XIXe siècle, cependant, on n'utilisait pas le mot « esclavage » pour parler du travail des enfants et de la famille. On le réservait à une autre forme de servitude, celle en vertu de laquelle une personne estimait en posséder une autre. Pourtant, les enfants asservis pour dettes n'étaient pas — et ne sont toujours pas — plus libres.

Le père de Charles Dickens a été écroué à la prison pour dettes de Marshalsea, et le petit Charles, lorsqu'il avait douze ans, a dû quitter l'école et travailler dans une fabrique de cirage à chaussures, expérience traumatisante qui a assombri sa vie et hanté ses rêves. Son œuvre regorge de dépensiers nonchalants, de faillis charmants, de profiteurs bons à rien et de prisonniers pour dettes au bord du désespoir, et Scrooge tient son côté radin de son créateur lui-même : Dickens, généreux à maints égards, savait aussi se montrer pingre, tant il avait peur de suivre les traces de son prodigue de père.

C'est dans *David Copperfield* qu'on trouve le failli le plus célèbre de Dickens, soit M. Micawber — auquel le père de l'auteur aurait servi de modèle. M. Micawber attend toujours une occasion. Et dès qu'il s'en présente une, il en boit le profit. On cite fréquemment la recette du bonheur selon Micawber. Lorsque le jeune héros lui rend visite à la prison pour dettes, M. Micawber pleure beaucoup. Écoutons ce qu'en dit David : « Il me conjura solennellement de tirer une leçon de sa destinée et de remarquer que, si un homme avec vingt livres sterling de rente dépensait dix-neuf livres, dix-neuf shillings et six pence, il serait heureux, mais que s'il dépensait vingt livres sterling et un shilling, il tomberait dans la misère. » Ce serait, dit-on, une citation directe de Dickens père.

On cite moins souvent cependant la suite du laïus moralisateur de M. Micawber : « Après quoi, il m'emprunta un shilling pour acheter du porter, me donna un ordre écrit de sa main à Mme Micawber de me rendre cette somme, puis remit son mouchoir dans sa poche, et reprit sa gaieté. » Micawber s'est lui-même placé dans une situation sans issue, et il prend le parti de s'y plaire. Bon nombre de débiteurs décrits par Dickens sont conscients de leur humiliation et de leur déchéance, mais pas M. Micawber. Il aurait pu chanter le vieux blues : « Been Down So Long it Seems Like up to Me » (« Je suis au fond du baril depuis si longtemps que j'ai l'impression d'être sur le dessus »). Il est si dénué de scrupules qu'il va jusqu'à mendier auprès des autres débiteurs. Il est tout sauf honnête, responsable et consciencieux. En fait, c'est un farceur, et ses larmes ne sont en gros que de l'esbroufe. Mais le lecteur admire malgré lui sa capacité à faire fi de ses tracas en riant et, en un sens, Dickens aussi. Au moins, M. Micawber n'est pas méchant. Il fait du mal, mais sans intention malicieuse.

Les prisons pour dettes ont été pour l'essentiel un phénomène de l'Ancien Monde. À cause de la surpopulation urbaine, la main-d'œuvre y était bon marché ; en Amérique du Nord, en revanche, où la jeune économie croissait à vue d'œil et où la demande de travailleurs était considérable, il était tout simplement insensé d'emprisonner les endettés. Là, on les forçait plutôt à se constituer en « ouvriers engagés », c'est-à-dire qu'ils devaient travailler pour un employeur donné jusqu'à l'acquittement de leurs dettes. De nos jours, les « travaux communautaires » rappellent un peu ce phénomène, même si on y a rarement recours en cas de non-paiement de dettes. Dans les sociétés occidentales, nous emprisonnons encore des débiteurs récalcitrants, la plupart du temps pour défaut de paiement d'une pension alimentaire ; mais en général, dans de tels cas, le mauvais payeur est plutôt déclaré coupable d'outrage au tribunal. On punit un comportement (« Tu ne veux pas payer ») plus qu'une absence de moyens (« Tu ne peux pas payer »).

Sinon, les sanctions auxquelles s'expose le Nord-Américain qui ne paie pas ses dettes sont si bénignes qu'elles ne font pas une bien grande impression sur l'emprunteur gaspilleur. On me dit que c'est avec un sourire contrit et non avec des larmes de désespoir que les étudiants des universités évoquent désormais la croissance exponentielle de leurs prêts étudiants. Tout le monde doit de l'argent. Où est le problème ? C'est ainsi. Comment, sinon, faire des études supérieures ? Quant au remboursement, ils y penseront plus tard.

Un de mes amis — c'était dans les années 1970 — était inscrit sur les peu judicieuses listes d'adresses que les nouvelles sociétés émettrices de cartes de crédit constituaient à l'époque. Sans poser de questions, on vous envoyait une carte de crédit par la poste. Mon ami, après avoir reçu la sienne, s'est empressé de dépenser le maximum autorisé. S'en est suivie une entraînante partie de « Essaie un peu de récupérer ton argent ». Chaque mois, il payait un petit montant — 5,32 $ ou une autre somme dérisoire et contrariante du même ordre. Et l'entreprise, qui a fini par se vexer, a confié l'affaire à une agence de recouvrement. Mon ami a alors eu droit à de longues tirades au téléphone. C'était avant l'ère des petites fenêtres vous indiquant l'identité de votre interlocuteur.

— Désolé, disait mon ami au représentant de l'agence de recouvrement. Je comprends le but de votre appel, mais je désapprouve votre ton. Inutile de recourir à la grossièreté. Sans les personnes comme moi, les personnes comme vous seraient au chômage. Alors n'hésitez pas à me téléphoner, mais restez courtois, je vous prie.

— Hmm, d'accord, disait le représentant de l'agence de recouvrement, saisissant la logique d'un tel point de vue.

Et, comme la scène se déroulait au Canada, ce dernier restait effectivement poli.

De nos jours, les personnes qui croulent sous le poids de leurs dettes disposent d'une ressource qui n'existait pas autrefois : elles peuvent déclarer faillite et échapper plus ou moins au bourbier dans lequel elles se sont enlisées. Il y a même des agences qui, moyennant un pourcentage, vous y aideront. « Tirez-vous à bon compte de votre fâcheuse situation », promet une publicité qu'on voit dans le métro. Bien entendu, il y a quelques inconvénients — votre cote de crédit souffrira et vous serez privé de certains de vos joujoux les plus clinquants —, mais vous ne finirez pas dans un donjon froid et sombre avec pour seule nourriture des croûtes de fromage. et du pain moisi et pour seule compagnie des codétenus qui vous piqueront votre mouchoir de soie, vos bottes et vos boutons de manchette. Pas souvent. Pas ici. Pas encore.

Jusqu'ici, nous avons parlé des mesures qui peuvent être légitimement prises contre vous si vous n'acquittez pas une dette que vous avez contractée par des moyens licites. Mais que se passe-t-il lorsque le marché a été conclu dans quelque recoin obscur, en marge de la loi ? Qu'arrive-t-il, par exemple, au débiteur qui a emprunté de l'argent à un prêteur usuraire de la Mafia ? Dans un tel cas, les pressions qui s'exerceront sur lui risquent d'être d'un genre tout à fait différent.

À ce sujet, l'inimitable Elmore Leonard est ma principale source d'information. Dans son polar intitulé *Zig Zag Movie* (traduction française de *Get Shorty*), l'antihéros, Chili Palmer, a pour tâche de retrouver les débiteurs de la Mafia dont le compte est en souffrance. Il poursuit un minable joueur compulsif engagé dans une âpre mais stupide partie de « Essaie un peu de récupérer ton argent ». Voici ce que Chili déclare à propos des méthodes des prêteurs usuraires :

> Quand un mec vient te voir, peu importe combien il veut, ou pourquoi il en a besoin, tu lui dis bille en tête avant de lui filer quoi que ce soit : « T'es sûr que tu veux prendre ce pèze ? T'as

pas besoin d'hypothéquer ta baraque, ni de signer un papier. Ce que tu vas me donner, c'est ta parole que tu vas rembourser tant par semaine avec les intérêts. » [...] Si le mec a la moindre hésitation : « Eh bien, je suis pratiquement certain que je pourrai... » quelque chose dans ce genre, alors tu lui dis : « Non, je te préviens maintenant, ne prends pas ce putain de pognon. » Le gars va te supplier, jurer sur la tête de ses mômes qu'il te paiera ric-rac. Tu sais qu'il est acculé, sinon il n'emprunterait pas à un shylock. Alors tu lui dis : « O.K., mais si tu manques un seul remboursement, tu regretteras toute ta vie d'être venu me voir. » Tu ne dis jamais au mec ce qui pourrait lui arriver. Tu le laisses imaginer, il pensera à quelque chose de pire.

Plus tard, Chili présente la situation en ces termes : « Vous devez comprendre que prêter du fric, c'est un commerce comme un autre. Le requin n'a pas envie de faire du mal à ses clients. Tout ce qu'il veut, c'est gagner de l'argent. » Le corollaire, cependant, c'est que le requin qui ne gagne pas d'argent vous fera du mal. Dans le monde des prêts et des emprunts clandestins, la nature et l'ampleur de la dette sont sans limites, au même titre que la nature et la cruauté des pénalités imposées en cas de non-paiement. Comme le dit si bien Chili, il y a toujours quelque chose de pire.

Jusqu'ici, nous nous sommes concentrés sur le créancier individuel. Le débiteur civil, le débiteur simple, commun, le débiteur terre à terre, le débiteur sans armée. Et si nous grossissions l'écran ? Et si l'emprunteur était, par exemple, un roi, un empereur, un duc de la Renaissance, un seigneur de la guerre, genre Gengis Khan ou Attila le Hun, ou un gouvernement moderne, démocratique ou non ? Dans un tel cas, le « pire » est bien pire que celui qu'évoque Chili Palmer. Au même titre que les ouragans, les éruptions volcaniques et les raz-de-marée, les dettes colossales changent le cours de l'histoire et la face du monde.

Dans *Le Prince* — édifiant traité du XVIᵉ siècle portant sur l'art de gouverner d'une main de fer dans un gant de velours orné et parfumé —, Machiavel aborde cette question avec une logique effrayante mais irréfutable. Ce que les dirigeants et les aspirants dirigeants souhaitent et doivent accomplir, écrit-il, c'est asseoir, élargir et affermir leur pouvoir. À cette fin, ils ont besoin de partisans et de sujets — dans les démocraties modernes, on parle plutôt de « membres du parti » et de « contribuables ». Ils peuvent hériter de leur territoire ou encore le conquérir par la force, la ruse ou la traîtrise. Dans tous les cas, ils devront compter sur une armée ou une police nationale — bref, des types armés ; et pour nourrir et équiper leur armée, il leur faudra de l'argent.

Pour payer leurs soldats, les dirigeants peuvent conquérir de nouveaux territoires et s'adonner au pillage — c'est-à-dire dépenser l'argent des autres —, délier les cordons de leur bourse ou taxer leurs sujets. S'ils surtaxent ces derniers — le seuil, c'est sans doute le moment où l'enfant intérieur de leurs sujets s'écrie : « C'est pas juste ! » plus de douze heures par jour —, ils risquent toutefois de susciter la haine et d'inciter à la révolte. S'ils exagèrent encore, frappent si durement que la pauvreté et la famine se généralisent, les citoyens seront peut-être trop mal nourris et trop faibles pour se soulever. Ils risquent par ailleurs de ne plus avoir la force ni la motivation pour travailler de façon productive. Si, en revanche, les choses vont trop loin, les sujets, persuadés de n'avoir plus rien à perdre, sont susceptibles de se rebeller quand même. C'est un arbitrage délicat.

Voici une bonne manière de résumer toute la question de l'imposition : les gouvernements empruntent de l'argent aux contribuables — de manière parfois directe, par exemple en leur proposant des obligations — et remboursent les dettes ainsi contractées sous forme de services. Même Machiavel affirme que le Prince doit, dans la mesure du possible, s'efforcer d'améliorer le sort de ses sujets. (Par là il entend : « S'il reste de l'argent dans les coffres après toutes les guerres que j'ai l'intention de mener. ») Les sujets rêvent de recevoir des services sans payer d'impôts et les dirigeants rêvent de lever des impôts sans fournir de services — désirs contradictoires qui sont, depuis l'apparition des surplus alimentaires, des hiérarchies sociales, des armées et des impôts, l'une des constantes de l'histoire humaine. Dans un tel contexte, les récriminations sont inévitables.

Néanmoins, on peut profiter d'une guerre énergisante et à première vue légitime pour justifier l'imposition d'un lourd fardeau fiscal. Les guerres concentrent l'attention; à de tels moments, personne n'a envie de se sentir déloyal ni d'être perçu comme tel. Flanquez aux gens une peur bleue en leur faisant voir ce qu'ils risquent — le pillage aux mains de hordes de barbares écumants et cruels qui feront rôtir et dévoreront leurs enfants, violeront et éviscéreront leurs femmes (ne riez pas, c'est déjà arrivé) — et ils cracheront avec une belle docilité, sinon avec empressement. Petit rappel : l'impôt sur le revenu, né en Grande-Bretagne en 1799, avait pour objectif de financer les guerres napoléoniennes. Aux États-Unis, il a vu le jour en 1862 dans le contexte de la guerre de Sécession. Au Canada, il est apparu en 1917 comme mesure provisoire visant à financer la Première Guerre mondiale. Et les impôts font penser aux moules zébrées : une fois installés, ils sont presque impossibles à déloger. Les guerres que l'impôt sur le revenu avait pour but de financer sont passées, mais l'impôt sur le revenu est resté. Bon, il est quand même préférable aux taxes sur les fenêtres, les barbes ou les célibataires, qui ont toutes connu leur heure de gloire.

Il est remarquable de constater la fréquence avec laquelle les divers gouvernements oublient les services qu'ils sont censés fournir en contrepartie des impôts payés par les citoyens. Une fois dépensé l'argent qu'ils ont été forcés de prêter, ces derniers ne disposent d'aucun moyen de le récupérer, puisque c'est le gouvernement qui tient les rênes de l'armée. Dans une démocratie, on peut renverser un chef d'État impopulaire en votant pour un autre candidat. Dans un pays dirigé par un tyran, on peut risquer un coup d'État ou un soulèvement populaire. Mais que vous sortiez victorieux d'une élection, d'un coup d'État ou d'un soulèvement, vous essuierez une perte. Et, dans le pire des scénarios, vos enfants crèveront toujours de faim et n'iront pas à l'école, l'usine d'épuration des eaux usées ne sera jamais construite et l'argent de vos impôts aboutira dans un compte en banque suisse, tandis que votre ex-tyran prendra le soleil sur la Côte d'Azur, entouré d'une haute muraille et d'une armée de gardes du corps grassement payés. Ou, dans le cas d'une démocratie, l'argent aura disparu dans les manches des petits copains de votre ex-chef d'État, lesquels auront bénéficié d'un bouquet de contrats au montant gonflé et accordés sans appel d'offres, et l'ex-chef d'État occupera un siège confortable au sein d'une demi-douzaine de conseils d'administration reconnaissants, loin de la horde des journalistes. Si, par ailleurs, la situation devient chaotique et que des émeutes se préparent, vous aurez peut-être l'occasion de défiler dans les rues et de brandir une tête au bout d'un bâton en criant : « Tu es cuit ! » Aussi satisfaisante soit-elle, la vengeance ne procure qu'un plaisir éphémère, et elle ne vous rendra pas votre argent.

(Avis aux curieux : le mot « cuit », dans l'expression « tu es cuit », signifie non pas « qui a subi la cuisson avant d'être consommé », mais bien ruiné, vaincu ou perdu, suivant l'usage en vigueur au XVIe siècle.) Bref, les régimes d'imposition sont des mécanismes ingénieux qui ont pour but d'extraire plus d'argent que l'extracteur n'a l'intention d'en rendre sous forme de services.

Il existe deux types de régimes d'imposition : ceux qui mettent en colère et ceux qui mettent dans une colère noire. Pendant sa phase expansionniste — le Ier siècle avant notre ère —, l'Empire romain avait un régime qui mettait dans une colère noire, dans la mesure où il cédait à ferme la perception des impôts nécessaires au financement de ses incessantes campagnes militaires. Les dirigeants fixaient un seuil à atteindre dans une collectivité donnée, et des collecteurs d'impôts se disputaient le privilège de verser à Rome cette somme ou une somme supérieure — le plus haut soumissionnaire l'emportait. Le gagnant payait d'avance le montant convenu à l'État, après quoi il avait le droit de se rembourser auprès de la population locale.

Inutile de préciser que le collecteur avait pour but de prélever une somme supérieure à celle qu'il avait versée à Rome et de garder la différence. Des fortunes se sont constituées à force de supercheries et de stratagèmes : saisir des biens (sous-évalués) à la place d'argent liquide et les revendre à profit, accaparer le marché des céréales, créer une rareté artificielle et revendre à des prix exorbitants les produits extorqués en guise de paiement des impôts, et ainsi de suite. Il va sans dire que, dans un tel régime, la corruption régnait en maître. Certains historiens y voient même l'une des causes de l'effondrement de l'Empire romain : lorsque les paysans sont surtaxés, ils cessent de produire. C'est la relation classique entre les prédateurs et les proies : s'il n'y a plus de petits poissons, les gros poissons voient leur population diminuer. Si vous croyez que les Romains ont été les seuls à agir ainsi, détrompez-vous : en Chine, la dynastie Ming a précipité sa perte en gros de la même manière. Même chose pour l'Empire ottoman. Même chose pour la monarchie française avant Louis XVI.

Les collecteurs d'impôts romains s'appelaient *publicani*, d'où la singulière expression « les publicains et les pécheurs » qu'on trouve dans le Nouveau Testament. Autrefois, je croyais que les publicains étaient des tenanciers de bars et que leur « publicanisme » avait trait aux buveurs de vin, qu'on met souvent dans le même sac. Jésus de Nazareth avait l'habitude de frayer avec ces trois types d'individus peu recommandables : les publicains, les pécheurs et les buveurs de vin. Et maintenant que je vous ai parlé du régime des impôts à ferme, vous comprendrez que les compatriotes de Jésus considéraient la fréquentation des *publicani* comme totalement inadmissible.

C'est à cause du régime d'imposition à ferme franchement injuste des Romains que les adversaires de Jésus lui ont demandé s'il était ou non péché de payer des impôts à Rome, d'où la réponse bien connue : « Rendez donc à César ce qui est à César, et à Dieu ce qui est à Dieu. » C'était une façon adroite d'éviter le piège. En répondant qu'il fallait payer les impôts, Jésus aurait explicitement légitimé un régime d'imposition qui exploitait les paysans ; si, en revanche, il avait répondu que non, les tyrans romains l'auraient accusé de sédition. Depuis, cette réponse suscite malgré tout bien des questions. L'argent revient-il de manière générale à César ? Jésus invitait-il ses contemporains à frauder le fisc ? N'oublions pas que de nombreux gouvernements se sont donné beaucoup de mal pour laisser entendre que Dieu était de leur côté : les payer, c'était payer Dieu. Ou presque. Peu s'en fallait, en tout cas. Regardez ce que les gouvernements, encore aujourd'hui, écrivent sur leur monnaie. Au Canada, *Elizabeth D. G. Regina,* forme abrégée de *Dei Gratia Regina* — Par la grâce de Dieu, Reine. En Grande-Bretagne, l'inscription est un peu plus longue. S'ajoutent en effet des initiales signifiant « défenderesse de la foi ». Aux États-Unis, on lit la devise : *In God We Trust* — ce qui, à l'époque où je fréquentais l'école secondaire, donnait lieu à la plaisanterie suivante : « Nous croyons en Dieu, les autres paient comptant. » Mais la présence du mot « Dieu » sur l'argent émis par les gouvernements a un avantage très précis : la devise donne ainsi l'impression d'avoir reçu l'imprimatur divin.

Au fil des siècles, le ressentiment causé par un fardeau fiscal jugé trop pesant a engendré de nombreuses révoltes. (Petite précision lexicale : une révolte qui réussit, c'est une révolution. Sinon, c'est juste une révolte.) Très souvent, les impôts jugés trop élevés étaient rattachés à des guerres. Ainsi, la guerre de

Cent Ans qui a opposé l'Angleterre à la France a donné lieu en France à une révolte (1358) appelée la Jacquerie — terme qui a été repris au moment de la Révolution française — et en Angleterre (1381) à une révolte causée par le cens institué pour financer la guerre. Au nombre des griefs des insurgés, mentionnons la volonté de la noblesse de rétablir le système féodal, en vertu duquel les paysans étaient liés à la terre et devaient travailler un certain nombre de jours pour le seigneur sans rémunération — il s'agissait dans les faits d'une forme de servage. Ce système avait été érodé par la peste noire qui, en éliminant la moitié de la population de l'Europe, avait entraîné une pénurie de main-d'œuvre et, du même coup, une augmentation du salaire de base et du pouvoir de négociation des paysans. Moralité ? Même la peste noire aura servi à quelque chose.

À la tête de la révolte anglaise de 1381 se trouvait un cavalier du nom de Wat Tyler. Y a aussi été mêlé un prêtre nommé John Ball, auteur du sermon dans lequel figuraient les vers suivants : « Quand Adam bêchait et qu'Ève filait / qui alors était gentilhomme ? » Le mot de passe des rebelles était : « John le Meunier broie menu, menu, menu », ce à quoi il fallait répondre : « Le fils du roi des cieux paiera pour tout. » Je n'ai pas trouvé d'interprétation inattaquable de ces paroles, mais je me plais à penser qu'il s'agit d'une référence à un antique dicton grec souvent cité : « Les moulins des dieux moulent lentement, mais ils moulent très finement. » En clair, le châtiment tarde parfois, mais le méchant sera tôt ou tard réduit en poussière. Quant à la réponse, « Le fils du roi des cieux paiera pour tout », elle signifie, je suppose, que les rebelles, s'ils doivent broyer leurs ennemis, seront pardonnés dans l'au-delà — que le sang sacrificiel du Christ les exonérera de la dette du péché. Les insurgés ont effectivement tué quelques personnes avant d'être vaincus et exécutés d'horrible façon, mais ils ont surtout attaqué des collecteurs d'impôts et brûlé leurs registres. Sans mémoire, il n'y a pas de dette, et un registre est une forme de mémoire ; chaque fois qu'il y a un soulèvement causé par les dettes et les impôts, les registres comptables sont parmi les premières victimes. Le principe en cause est le suivant : « Faute de preuves, je ne dois rien. »

La révolution américaine a elle aussi eu pour cause des impôts jugés injustes — levés, dans ce cas, pour financer une guerre déjà menée. Je veux parler de la guerre de Sept Ans que se sont livrée l'Angleterre et la France (conflit au cours duquel Québec a été pris en 1759). Si Québec n'était pas tombé, il n'y aurait pas eu de révolution américaine, car les colons de l'époque n'auraient pas eu les moyens de constituer une armée pour se défendre contre les Français. Une fois la Nouvelle-France aux mains des Britanniques, toutefois, les colons américains ont eu la possibilité de se révolter, et ils se sont empressés de le faire. Vous vous souvenez de leur devise ? « Pas de taxation sans représentation ». Eh oui, une autre guerre menée au nom des impôts.

Pour se venger de l'Angleterre, qui avait eu le mauvais goût de gagner la guerre de Sept Ans, la monarchie absolue française a soutenu les révolutionnaires américains et donc cautionné une action antimonarchiste. C'était bien imprudent de sa part. Sans compter que, après avoir trop dépensé pour aider les Américains, elle a dû taxer davantage une population déjà très pauvre. On a donc assisté à la naissance d'un mouvement de protestation comprenant notamment ceux qu'on appelait les *sans-culottes*. Je croyais autrefois que les protestataires en question étaient si pauvres qu'ils n'avaient pas de quoi s'offrir un pantalon, mais l'expression signifie plutôt qu'ils ne portaient pas les hauts-de-chausses prisés par les aristocrates. Pendant la Révolution française de 1789, qui a suivi de près l'indépendance des États-Unis, les distinctions relatives à l'habillement ont d'ailleurs acquis, comme dans toutes les révolutions, une très grande importance. Après la prise de la Bastille, les paysans se sont soulevés massivement et ont incendié les châteaux de ceux qui portaient la culotte. Une fois de plus, les registres où étaient consignés les impôts et les dettes ont été parmi les premiers objets détruits.

Et ce n'est pas fini. En Birmanie et au Viêtnam en 1930 de même qu'aux Philippines en 1935, on a vu éclater des révoltes anticolonialistes dont la cause première était les lourds impôts levés par des puissances coloniales qui, en bons disciples de Machiavel, utilisaient l'argent pour asseoir, élargir et affermir leur pouvoir. On voit généralement dans le soulèvement hongrois de 1956 un mouvement spontané en faveur de la démocratie, mais c'était aussi une révolte contre le lourd régime de taxation imposé par l'URSS, empire qui, à l'époque de la Guerre froide, était engagé dans la course aux armements. Dans tous les cas, l'un des principaux objectifs des rebelles était de détruire les registres des impôts et des dettes. Illustration on ne peut plus frappante de ce qu'on entend par « effacer l'ardoise ».

Si vous êtes un roi, un prince, un tyran ou un gouvernement démocratique et que vous voulez vous engager sur le sentier de la guerre sans risquer de provoquer une révolte en broyant les paysans menu, menu, menu, vous avez d'autres moyens de trouver de l'argent, par exemple les emprunts. En dehors des impôts, trois sources s'offrent à vous : 1) vos sujets, à qui vous pouvez vendre des obligations de guerre ; 2) les prêteurs de votre pays ; 3) les institutions ou les gouvernements d'autres pays. Si vous empruntez trop aux autres pays, vous serez tôt ou tard limité dans vos velléités d'élargir et d'affermir votre pouvoir, car les autres pays, si vos actions n'ont pas l'heur de leur plaire, risquent de vous retirer leur soutien financier. Vous pourrez alors les menacer de ne pas honorer vos dettes déjà considérables, auquel cas ils devront composer avec un déficit. Là comme toujours, le débiteur et le créancier sont soudés l'un à l'autre.

(Inutile d'ajouter à voix basse : « Comme les États-Unis et la Chine en ce moment même. » Mais je vais le faire quand même. Car, ainsi que l'a déclaré Machiavel, le chef d'État qui enlise son pays dans une dette monumentale commet une grave erreur stratégique. Il en résulte une érosion de sa puissance et de son influence — autrement dit, de l'objectif même de cette guerre coûteuse. Le pillage, je veux bien, mais il faut faire ses calculs au préalable. N'oubliez pas : les fruits du pillage moins le temps requis multiplié par le coût de la guerre par minute égale un bilan soit dans le rouge, soit dans le noir. Dans la première éventualité, suivez le conseil de M. Micawber et ne faites rien.)

Si, en revanche, l'argent vous a été prêté non pas par un autre pays mais par des sujets de votre royaume et que vous avez le sentiment d'avoir vu trop grand, vous avez la possibilité de leur jouer un sale tour. On y a déjà eu recours. À plusieurs reprises, même. Il s'appelle : « Liquidez les créanciers. » (Je vous prie de ne pas y jouer avec votre banque.)

Prenons par exemple le triste sort des Templiers. C'était un ordre religieux composé de chevaliers guerriers qui, grâce aux dons des âmes pieuses et aux trésors constitués pendant les Croisades, avaient amassé d'importants capitaux. Pendant plus de deux siècles, ils ont servi de principaux prêteurs européens, pour les rois et d'autres. Pour les chrétiens, il était péché de faire payer de l'« usure » sur l'argent, mais il était permis de faire payer un « loyer » pour l'utilisation d'un territoire. Les Templiers imposaient donc un loyer sur l'argent, qu'on payait au moment de l'obtention du prêt plutôt qu'à la fin. Il fallait malgré tout rembourser le capital à l'échéance. Pour les débiteurs de l'époque comme pour ceux d'aujourd'hui, c'était parfois difficile.

En 1307, Philippe IV de France s'est aperçu qu'il devait une petite fortune aux Templiers. Avec l'aide du pape et de la torture, il les a accusés — injustement — de se livrer à des activités hérétiques et sacrilèges ; puis, après une rafle, il les a fait condamner au bûcher. Comme par magie, les dettes du roi ont disparu. (La vaste fortune des Templiers, soit dit en passant, s'est envolée. Depuis, on n'en a jamais retrouvé la trace.)

Philippe a fondé son action sur une version préexistante et très populaire du jeu « Liquidez les créanciers » que nous pourrions appeler « Liquidez les créanciers juifs ». À l'époque, il était donc contraire à la religion chrétienne de faire payer des intérêts sur des prêts, mais il n'était pas contraire à la religion juive de faire payer des intérêts à des non-juifs. Comme la plupart des pays où ils vivaient leur interdisaient de posséder des terres — considérées comme la véritable source de la richesse —, les juifs ont été contraints de se rabattre sur le métier de prêteurs, d'où le mépris et le ressentiment dont ils étaient la cible. En contrepartie, les profits qu'ils tiraient de leurs activités étaient fréquemment imposés par les rois. Une relation symbiotique commode mais dangereuse a ainsi vu le jour : les juifs gagnaient de l'argent en en prêtant, et les rois en gagnaient en taxant les profits des juifs. Parfois, les emprunteurs étaient les rois eux-mêmes ou encore des membres de la noblesse — lesquels, en parfaits disciples de Machiavel, s'efforçaient de consolider leur puissance et leur influence afin de devenir rois eux-mêmes, ou encore de faire et de défaire les rois. Quoi qu'il en soit, leur but était l'ascension sociale. Or, une telle ascension coûtait cher. D'où les emprunts qu'ils contractaient chez les juifs.

L'argent, les rois, les nobles et les juifs constituaient un mélange volatil, et, à la faveur d'un antisémitisme omniprésent et commode, il en est résulté de nombreuses épidémies de « Liquidez les créanciers juifs ». Je limiterai mes exemples à la seule Angleterre, mais des incidents similaires se sont produits dans toute l'Europe. Par exemple, à York, en 1190, des nobles lourdement endettés auprès de prêteurs juifs ont mobilisé une foule et se sont attaqués à la population juive. On a eu recours au même stratagème que contre les Templiers : les accusations de nature religieuse. Les juifs avaient bénéficié de la protection de Richard Ier, surnommé Richard Cœur de Lion, mais il était parti en croisade. Il y a eu un massacre, et vous connaissez la suite : les registres des dettes ont été brûlés. Mais Richard comptait sur les juifs pour financer — vous l'avez déjà deviné — son effort de guerre. Dépité, il a institué un système de copie des documents et taxé les juifs encore plus lourdement.

Au XIIIe siècle, la situation s'est encore détériorée pour les juifs d'Angleterre, victimes de fréquents massacres. En outre, le roi les a assujettis à divers impôts intenables. On les comprend d'avoir demandé, en 1255, de quitter l'Angleterre. Henri III, cependant, a refusé d'accéder à leur requête ; les juifs constituaient pour lui une commode source de revenus. Si commode, en fait, qu'il les a déclarés propriété royale, un peu comme on le fait pour les parcs naturels. Cependant, des lois successives ont peu à peu restreint leurs activités — on leur a interdit de prêter de l'argent sans leur ouvrir d'autres débouchés — et les ont appauvris. En 1290, ils ont été chassés d'Angleterre, premier pays à prendre une telle mesure.

Au cas où vous iriez vous imaginer que seuls les prêteurs juifs et les Templiers ont subi pareil traitement, je me permets de vous rappeler l'initiative d'Idi Amin Dada qui, en 1972, a fait chasser d'Ouganda les ressortissants des Indes — fortement représentés dans le secteur bancaire —, ainsi que les mauvais traitements et l'expulsion des Chinois qui vivaient au Viêtnam dans les années 1970. Chaque fois qu'un groupe puissant doit beaucoup d'argent à un groupe honni, « Liquidez les créanciers » constitue un moyen efficace, quoique immoral, de faire annuler ses dettes. Note : il n'est pas nécessaire de recourir au meurtre à proprement parler. Si vous obligez les gens à prendre leurs jambes à leur cou, ils laisseront tous leurs biens derrière eux, et vous n'aurez plus qu'à vous en saisir. Et à brûler les registres, il va sans dire.

Vous avez sans doute remarqué que j'ai raconté tout cela sans faire référence aux nazis. En vérité, je n'en ai pas eu besoin. Car ils n'ont pas été les seuls.

Voici maintenant la zone la plus sombre que révélera notre tour d'horizon de la face cachée de la dette. Oui, nous approchons du pays de la vengeance, là où l'argent ne suffit pas à acquitter une dette d'honneur. À ce stade-ci, j'aimerais vous ramener au sens de l'équité des primates que j'ai évoqué au début. Vous vous rappelez sans doute que, dans l'expérience que j'ai décrite, les singes ont été heureux de troquer des cailloux contre des tranches de concombre jusqu'au jour où l'un d'eux a reçu un raisin, objet considéré comme plus désirable. La plupart des singes ont alors mis un terme aux échanges. Dans le cadre d'une autre expérience, deux singes n'avaient qu'à tirer ensemble sur une ficelle pour obtenir une friandise, ni l'un ni l'autre n'étant assez fort pour y parvenir sans aide. Mais la nourriture n'était offerte qu'à l'un d'eux. Si le singe choyé refusait de partager, l'autre, par mesure de représailles, refusait de tirer sur la ficelle la fois suivante. Il préférait punir le singe égoïste plutôt que de courir la chance de recevoir lui-même la nourriture.

Vous le comprenez. Nous le comprenons tous. Est-ce parce que le module de la vengeance est très ancien et donc profondément ancré en nous ? Certaines cultures favorisent davantage son expression, d'accord, mais il semble omniprésent. En général, il est inutile de dire aux gens de ne pas caresser de projets de vengeance parce que ce n'est pas bien.

L'« homme économique » est l'enfant chéri des économistes, qui se plaisent à le croire purement motivé par des considérations économiques. Le cas échéant, le monde ne serait pas nécessairement meilleur, mais il serait très différent. L'argent — au même titre que les cailloux des singes — favorise simplement les échanges. On peut le convertir en toutes sortes de choses, y compris en vies. Parfois, on s'en est servi pour racheter une mort dont on était responsable — celle d'une vache, d'un cheval ou d'une personne. D'autres fois, il a permis d'acheter une mort souhaitée ou d'en empêcher une ; on a affaire, dans les deux cas, à ce qu'on appelle l'« argent du sang ». Mais il arrive que les équations monétaires se révèlent insuffisantes. Dans de tels cas, seul le sang fait l'affaire.

Dans le roman que Charles Dickens a consacré à la Révolution française, *Le Conte des deux villes,* Mme Defarge, victime de nombreux torts, occupe le temps qui précède la Terreur à tricoter un registre renfermant le nom de tous ceux dont la tête devra rouler une fois que la tempête aura commencé à se déchaîner. Comme le dit son mari : « Il serait plus facile au dernier des lâches de disparaître de ce monde, que d'effacer une seule lettre de son nom ou de ses crimes du registre que tricote Mme Defarge. » Ce tricot rappelle les Parques grecques — les trois sœurs qui filaient la destinée des hommes et en coupaient la trame —, mais il s'agit aussi d'une version sinistre du registre des dettes dont nous avons déjà parlé. Une fois la guillotine lancée, Mme Defarge assiste à toutes les exécutions, fait le compte des têtes et détricote le nom des victimes, qui ont payé leur « gage » de leur sang.

À côté de Mme Defarge trône une autre tricoteuse, surnommée « la Vengeance ». Elle remplace les divinités qui règnent sur la Révolution, de vieilles connaissances, en l'occurrence, c'est-à-dire la déesse Némésis — ou le Châtiment — et les implacables Furies aux yeux injectés de sang. Lorsque la Justice aux yeux bandés tenant une balance, déesse plus équilibrée, ne maîtrise plus la situation, les déesses plus anciennes et plus assoiffées de sang entrent de nouveau en scène.

J'ouvre une parenthèse pour réfléchir au mot « vengeance », qui vient du latin *vindicare,* c'est-à-dire revendiquer, défendre, délivrer et rendre la liberté (à un esclave, par exemple). Ainsi, se venger de quelqu'un, c'est s'affranchir de nouveau. Jusque-là, en effet, vous n'êtes pas libre. C'est que vous êtes l'esclave de votre haine obsessionnelle de l'autre, de votre propre désir de vengeance. Vous avez le sentiment de ne pouvoir y échapper autrement. Le compte à régler est d'ordre psychique, et le genre de dette qu'on ne peut rembourser avec de l'argent est aussi d'ordre psychique. C'est une blessure de l'âme.

Les vengeurs et ceux qu'ils souhaitent tuer ou punir sont

comme les créanciers et les débiteurs : soudés l'un à l'autre, ils sont inséparables. Et de là à la théorie de l'ombre de Jung, il n'y a qu'un pas.

Dans les récits mettant en scène une haine irrationnelle et obsessionnelle, en particulier d'une personne ou d'un groupe que l'intéressé connaît mal, une telle haine — disent les jungiens — est la marque d'un être qui n'accepte pas sa propre ombre. Il s'agit de notre face sombre, où se mêlent tout ce dont nous avons honte, ce que nous préférons ne pas avouer et aussi les qualités que nous disons mépriser mais que nous voudrions bien posséder. Si nous ne reconnaissons pas la présence de ces attributs en nous, nous sommes susceptibles de les projeter sur d'autres personnes ou d'autres groupes et de concevoir pour eux une haine irrationnelle. Dans la fiction, cette ombre prend souvent la forme d'un double, d'un jumeau ou d'un robot, comme dans la nouvelle de Poe intitulée « William Wilson » ou dans *Le Portrait de Dorian Gray* d'Oscar Wilde. Les figures de jumeaux abondent dans la littérature, au cinéma et même à la télévision ; si mes souvenirs sont bons, Data, l'androïde de la série *Star Trek : la Nouvelle Génération,* a eu à une certaine époque son ombre malveillante. Ces jumeaux maléfiques, soutiendraient les jungiens, sont tous des ombres.

Cela, bien sûr, nous ramène aux récits de vengeance, où les ombres sont omniprésentes. Qui sait d'où vient la haine viscérale que le Personnage A voue au Personnage B ? Son ombre le sait, et le Personnage A ne sera libre que le jour où il le saura, lui aussi, et où il admettra que l'ombre fait partie de lui.

Il existe un genre de drames élisabéthains connu justement sous le nom de « tragédie de la vengeance », et qui incarne les principes mêmes de la vengeance. En général, les intrigues donnent dans l'excès : un meurtre en entraîne un autre, et les cadavres s'empilent à un rythme presque industriel. Ce n'est pas seulement donnant-donnant, c'est donnant-donnant-donnant-donnant-pan-pan-pan-pan, comme dans les plus anciennes histoires policières de Dashiell Hammett. Dans les premiers chapitres, j'ai évoqué l'effet de percolation de la richesse et de la dette. La tragédie de la vengeance illustre plutôt l'effet de diffusion de la revanche : des spectateurs plus ou moins innocents se font copieusement éclabousser. *Hamlet* est notamment une tragédie de la vengeance, mais, fidèle à son habitude, Shakespeare emprunte des éléments et les transforme de façon surprenante : c'est la lenteur de la vengeance, et non sa rapidité, qui explique la pyramide de cadavres sur laquelle s'achève la pièce.

Shakespeare récrit également la tragédie de la vengeance dans *Le Marchand de Venise,* œuvre si polysémique et si pleine d'embûches qu'elle soulève encore aujourd'hui de vives controverses. Il est courant d'affirmer que tout acteur rêve de jouer Hamlet, mais jouer Shylock — qui est soit le héros ou le méchant de la pièce, soit les deux à la fois ou ni l'un ni l'autre — représente sans doute un défi plus grand, car le personnage, complexe au départ, s'est complexifié avec le temps. Comment jouer Shylock après les nazis ? Comment jouer Shylock maintenant que les prêts à intérêt, motif du mépris et de la haine qu'on lui voue, font partie des pratiques commerciales courantes ?

On retrouve dans *Le Marchand de Venise* la panoplie complète des motifs qui concrétisent le conflit opposant le débiteur au créancier, qu'il s'agisse de dette morale ou de dette financière, de la pesée des cœurs par les anciens Égyptiens à la déesse de la Justice brandissant sa balance devant le palais de justice, en passant par l'objet déposé chez le prêteur sur gages et le contrat suspect. L'action de la pièce tourne autour de l'emprunt d'une somme, de la singulière garantie exigée en contrepartie et de la notion d'équité.

Shylock est juif et prêteur. Du point de vue d'un auteur élisabéthain, ce sont deux mauvais points pour lui, pourrait-on croire, mais Shakespeare est un écrivain retors, qui se complaît dans l'ambiguïté. S'est-il rendu compte que Shylock et Antonio étaient l'ombre l'un de l'autre ? À la fin de la pièce, il n'y a qu'eux qui restent seuls et célibataires : tous les autres, en effet, se marient. Antonio et Shylock sont-ils, en un sens, mariés l'un à l'autre ? Hélas, Shakespeare n'est pas en mesure d'accorder des interviews. Nous ne saurons donc jamais le fin mot de l'affaire.

L'intrigue, dans la mesure où elle concerne une dette et les trois principaux personnages touchés par elle, est relativement simple. Antonio souhaite prêter de l'argent à son ami Bassanio, mais il n'a pas de liquidités à sa disposition. Alors il se porte garant d'un prêt contracté auprès de Shylock, son ennemi juré. Au lieu d'une garantie en argent, ce dernier exige, au cas où la dette ne serait pas remboursée à l'échéance, une livre de la chair d'Antonio, à prélever près de son cœur et à peser avec exactitude. Les navires marchands sur lesquels Antonio comptait pour renflouer ses coffres s'égarent, la dette arrive à échéance et Shylock exige sa livre de chair. Même si on lui propose trois fois la somme prêtée à la place — comme prix du « rachat » d'Antonio qui, ainsi, n'aurait pas à payer de sa vie —, Shylock exige que le contrat soit respecté. Ici, l'argent n'est pas en cause. Seule compte la vengeance.

Portia — la femme que Bassanio a conquise grâce à l'argent de Shylock et à sa propre intelligence — se déguise en avocat et plaide la cause. D'abord, elle implore le pardon : le juif doit se montrer miséricordieux, dit-elle. De façon plutôt raisonnable, Shylock répond : « En vertu de quoi le devrais-je ? Dites-le-moi. » Portia présente alors un joli discours sur la miséricorde, lequel, comme c'est habituellement le cas, se révèle peu convaincant. Puis elle chausse ses bottes d'avocat habitué à fendre les cheveux en quatre : Shylock peut avoir son dû, dit-elle, mais rien de plus. Il peut prélever sa livre de chair, mais il doit le faire sans verser une seule goutte de sang, car cela n'est pas prévu au contrat.

En fin de compte, Shylock n'obtient ni sa livre de chair ni le remboursement de la somme qu'il a prêtée. Qui plus est, à titre d'« étranger » ayant cherché à attenter à la vie d'un Vénitien, il est condamné à mort. Portia et le juge lui laissent toutefois la vie sauve, à condition qu'il se fasse chrétien. Mais il doit céder la moitié de ses biens à l'État — souvent bénéficiaire de tels jugements — et l'autre moitié à Jessica, sa fille fugueuse, désobéissante et voleuse, de même qu'au chrétien qu'elle a épousé.

Shylock n'est pas un personnage faustien : il n'a pas conclu de pacte avec le Diable. Il existe toutefois un personnage type d'avare qui, véritable incarnation du péché de convoitise, prend naissance dans la nouvelle comédie romaine et persiste jusque dans le théâtre moral du Moyen Âge. On le retrouve plus tard sous les traits du Pantalon de la commedia dell'arte vénitienne et dans *L'Avare* de Molière, pièce du xviie siècle. Bien qu'il possède quelques-unes de leurs caractéristiques extérieures, Shylock n'est pas des leurs. Auparavant, les avares étaient avares parce qu'ils l'étaient, mais Shylock est juif, ce qui change tout. Étant donné ce que j'ai dit sur les persécutions subies par les juifs aux mains de foules déchaînées, vous comprendrez que Shylock avait de bonnes raisons de se demander si sa maison, ses biens et sa fille étaient en sécurité. À sa place, j'aurais moi aussi distribué les clés au compte-gouttes.

En général, Antonio est considéré comme un chic type dans la mesure où il prête de l'argent sans faire payer d'intérêts. Mais au nom de quoi faudrait-il le porter aux nues pour si peu ? En tant que chrétien vivant dans la Venise factice de la pièce, il n'avait pas le droit d'en toucher ! Bien sûr, rien ne l'obligeait à prêter quoi que ce soit. Ce faisant, il nuit aux affaires de Shylock, mais pas en tant que rival commercial : son activité ne lui rapporte rien. À mon avis, il est plutôt motivé par l'antisémitisme. La pièce laisse entendre que, depuis un certain temps, il se comporte méchamment vis-à-vis de Shylock, en paroles et en actions. Il projette sur Shylock — son ombre — la méchanceté et la cupidité qui l'animent, mais qu'il refuse d'assumer. Il fait de Shylock son souffre-douleur. D'où la haine que lui voue Shylock, laquelle ne s'explique pas uniquement par le fait qu'Antonio fait baisser le taux de change.

À ce propos, Shakespeare met les points sur les *i*. Dans *Othello*, par exemple, l'explication des mauvais agissements de Iago réside dans son nom. Iago était le nom espagnol de saint Jacques, connu en Espagne comme Santiago le tueur de Maures. Iago est donc raciste. Voilà pourquoi il a juré la perte d'Othello. Et si Antonio prête de l'argent, c'est non seulement par bonté d'âme, mais aussi par dépit et dans un esprit de vengeance à l'égard de Shylock, des prêteurs juifs et de tous les juifs.

Il est tout aussi difficile de jouer Antonio que de jouer Shylock : comment présenter Antonio sous les dehors d'un chic type sans perdre de vue les motifs qui sous-tendent ses actes de vengeance, ainsi que l'a voulu Shakespeare ? Dans la plupart des productions, on minimise l'importance de l'antisémitisme d'Antonio et de ses acolytes, mais dans la mise en scène de Richard Rose à Stratford (Ontario) en 2007, cet aspect a été dûment souligné. Shylock était joué par un Autochtone nord-américain, qui a évité les gémissements, la flagornerie et le cabotinage qui, par le passé, ont fait du prêteur un personnage semi-comique, quoique méprisable. En fait, il a plutôt campé un Shylock digne et renfermé, brisé et acculé à une certaine folie par la haine de la société dans laquelle il doit évoluer — bref, un type dont la situation s'apparente à celle de bon nombre d'Autochtones d'Amérique du Nord. À mon avis, cette approche rend pleinement justice à la pièce. La plupart des critiques n'ont toutefois pas vu les choses du même œil : ils tenaient à ce qu'Antonio soit présenté comme un type bien.

Les trois personnages principaux contreviennent à la religion qu'ils disent pratiquer. Antonio viole ce qui constitue sans doute le principe central du christianisme : « Tu aimeras ton prochain comme toi-même. » C'est précisément dans cette optique que Jésus a raconté la parabole du bon Samaritain. Le prochain n'était pas forcément un coreligionnaire ; la catégorie comprenait aussi les personnes aux vues théologiques différentes. Shylock est le prochain d'Antonio, même si Antonio ne le traite pas comme tel. D'où la plaisanterie un peu éculée : « Le christianisme ? Grande religion. Dommage que personne ne l'ait jamais essayée. » Shylock a raison d'affirmer que ce sont les chrétiens de son entourage qui lui ont inculqué l'esprit de vengeance. C'est la plus stricte vérité.

Quant à Shylock, il viole la loi mosaïque — la loi du Deutéronome qui interdit d'accepter en gage le moyen de subsistance d'un homme, c'est-à-dire, aux fins d'un prêt, de mettre sa vie en péril. À la fin de la pièce, Shylock fait lui-même remarquer que Portia le prive de sa capacité à gagner sa vie : « [...] vous prenez ma vie / Quand vous me prenez les moyens de vivre. » On retrouve aujourd'hui le même principe dans les lois sur les dettes et les faillites — on ne peut saisir les outils dont une personne a besoin pour faire son travail ou exploiter son entreprise. Shylock est donc deux fois défavorisé : premièrement, on le dépossède de son argent, à savoir son fonds de roulement, qui constitue en quelque sorte son coffre à outils ; deuxièmement, on l'oblige à se convertir au christianisme et donc à renoncer à faire payer des intérêts.

Portia semble la plus honorable des trois. Elle prononce un discours admirable sur la miséricorde — on nous le faisait apprendre par cœur à l'école secondaire —, celui qui débute par : « La miséricorde ne se commande pas. »

La célèbre tirade de Shylock fait contrepoids à celle de Portia :

Je suis Juif. Un Juif n'a-t-il pas des yeux ? Un Juif n'a-t-il pas des mains, des organes, un corps, des sens, des désirs, des émotions ? N'est-il pas nourri par la même nourriture, blessé par les mêmes armes, sujet aux mêmes maladies, guéri par les mêmes moyens, réchauffé et refroidi par le même hiver et le même été qu'un chrétien ? Si vous nous piquez, est-ce que nous ne saignons pas ? Si vous nous chatouillez, est-ce que nous ne rions pas ? Si vous nous empoisonnez, est-ce que nous ne mourons pas ? Et si vous nous outragez, ne nous vengerons-nous pas ?… Si nous sommes comme vous pour le reste, nous vous ressemblerons aussi en cela.

Quand j'ai étudié ce texte à l'école, je croyais que Shylock voulait dire qu'il était aussi bon que les autres, ce qui n'est pas tout à fait exact. Ce qu'il proclame, c'est qu'il est aussi humain que les autres. Son corps est celui d'un être humain, sa volonté de vengeance aussi.

Portia plaide pour que la miséricorde l'emporte sur la justice, et c'est mignon comme tout. Mais ce qu'elle prétend, en fait, c'est que Shylock doit se montrer plus miséricordieux que les autres ne l'ont été envers lui. Devant l'incapacité de Shylock à s'élever à de telles hauteurs, Portia réduit la valeur de ses propos sur la clémence en revenant à la justice du donnant-donnant, à la loi du talion, et plus encore. Dans l'affaire, il est vrai, la miséricorde joue un rôle : l'expérience de mort imminente qu'a connue Antonio semble avoir émoussé son caractère vindicatif. Shylock, quant à lui, a la vie sauve. Mais on est en droit de se demander comment il gagnera sa vie à l'avenir.

Il faut cependant l'exonérer du péché de cupidité. À la place de la livre de chair, on lui propose trois fois la somme qu'il a prêtée, et il refuse. En prenant le parti de la vengeance, il viole autant le code des pratiques commerciales — réaliser un profit à tout prix — que le code mosaïque applicable au rachat des objets mis en gage. Dans la fine analyse du *Marchand de Venise* qu'il a publiée dans *Frozen Desire*, ouvrage fascinant sur la nature de l'argent, James Buchan écrit ceci : « Au moment précis où il doit réussir, Shylock devient la proie de la violence que l'argent visait à remplacer. Je ne saurais trop insister sur ce point. La livre de chair n'est pas une garantie […] car elle ne peut être mise sous séquestre ni convertie en argent. En fait, il s'agit d'un gage démentiel et primitif […] l'argent n'a pas pour but de venger un affront fait au corps. C'est plutôt le contraire : on a affaire non pas à l'argent du sang, mais bien au sang fait argent. »

Il y a deux moyens d'échapper à l'enchaînement sans fin des vengeances et des contre-vengeances. Le premier moyen consiste à s'adresser aux tribunaux, censés peser le pour et le contre et, de façon juste et équitable, régler les conflits opposant les débiteurs aux créanciers. La question de savoir s'ils y réussissent toujours est bien sûr sujette à l'interprétation. En théorie, cependant, telle est leur fonction.

L'autre antidote est plus radical. On raconte que, lorsqu'il a enfin été libéré de la prison où l'avait écroué le gouvernement de l'apartheid sud-africain, Nelson Mandela (pourtant victime d'innombrables persécutions) s'est dit qu'il devait, avant même d'en franchir les portes, pardonner à tous ceux qui lui avaient fait du tort, faute de quoi il ne serait jamais libéré d'eux. Pourquoi ? Parce qu'il serait lié à eux par les chaînes de la vengeance. Eux et lui seraient des jumeaux de l'ombre, soudés l'un à l'autre. En d'autres termes, l'antidote de la vengeance est non pas la justice, mais le pardon. Combien de fois faut-il pardonner ? a-t-on demandé à Jésus de Nazareth. Soixante-dix fois sept fois ou aussi souvent qu'il le faudra, a-t-il répondu. Portia avait donc raison en principe, même si elle-même n'a pas été à la hauteur.

La loi musulmane autorise les membres de la famille d'une personne assassinée à participer à la détermination de la peine du meurtrier : s'ils le souhaitent, ils peuvent opter pour la clémence, et c'est un choix considéré comme noble, dans la mesure où il les libère de leur colère et de leur statut de victimes. Il existe quantité d'autres cultures dans lesquelles on évite de prendre une vie en échange d'une vie. En 2005, par exemple, un groupe d'Autochtones nord-américains a présenté un projet de Proclamation du pardon aux États-Unis — si le texte énumérait tous les torts subis par les Autochtones, il était, je suppose, fort long —, et il est presque superflu d'évoquer la renversante démarche entreprise par la Commission de la vérité et de la réconciliation en Afrique du Sud. Vous vous dites peut-être que toutes ces belles paroles tournées vers le pardon traduisent le genre d'idéalisme larmoyant propre à ceux qui croient encore aux contes de fées, mais le pardon, pour peu qu'il soit donné et accepté avec sincérité — ce qui, il va sans dire, est difficile dans un cas comme dans l'autre —, semble avoir un effet libérateur. Le désir de vengeance, nous l'avons dit, représente un lourd fardeau, et la vengeance elle-même entraîne une réaction en chaîne. Or, le pardon coupe les chaînes.

Maintenant, je vous invite à prendre une profonde inspiration, à fermer les yeux et à vous livrer à un petit exercice de révisionnisme historique. Nous sommes le 11 septembre 2001. Heurtées de plein fouet par deux avions, les tours jumelles du World Trade Center se sont effondrées au milieu de colonnes de feu et de fumée. Al-Qaida a diffusé des appels à la vengeance. À la télévision internationale, le président des États-Unis déclare ceci :

> Nous avons subi une perte cruelle, essuyé un coup motivé par un désir obsessionnel de nous faire du mal. Nous savons que c'est l'œuvre d'un petit groupe de fanatiques. D'autres nations seraient tentées de bombarder sans merci la population civile des régions où ces fanatiques se trouvent actuellement, mais nous sommes conscients de la futilité de telles mesures. Nous n'accuserons pas non plus les nations qui ont regardé sans rien faire. Nous savons que la vengeance retombe sur la tête de ses auteurs et nous ne voulons pas déclencher une escalade d'actes de vengeance. Nous allons donc pardonner.

Imaginez les effets d'une telle prise de position (qu'on ne verra que le jour où les poules auront des dents). Imaginez de quoi aurait l'air le monde d'aujourd'hui si elle avait été adoptée. Pas de guerre prolongée en Irak. Pas d'impasse en Afghanistan. Et, par-dessus tout, pas d'explosion ruineuse, débilitante et incontrôlable de la dette des États-Unis.

Où tout cela s'arrêtera-t-il ? vous demandez-vous sans

doute. Tout dépend de ce que vous entendez par « tout ». Le livre que vous tenez dans vos mains se terminera, lui, sur le chapitre suivant, dans lequel je me propose d'examiner ce qui se produit lorsque le déséquilibre entre le débit et le crédit s'accentue encore plus. Ce dernier chapitre s'intitule « Vengeance ». En faisant des recherches sur ce mot dans le Web, j'ai découvert, outre quelques titres de films, au moins un site qui prétend répondre « à tous vos besoins en matière de vengeance ». Apparemment, on peut aujourd'hui tout se procurer par Internet, y compris des poissons morts, des « kits de canulars » et des faux billets de loterie.

Le dernier chapitre de mon livre ne traitera toutefois pas de l'envoi d'une boîte de roses fanées à l'ex-amoureuse honnie. Il s'inscrit plutôt dans la logique des moulins des dieux, ceux qui moulent lentement mais très finement.

CINQ

Vengeance

Le sujet général du présent livre, c'est ma conception du rapport gémellaire entre le débiteur et le créancier, au sens le plus large. En guise de prélude à ce dernier chapitre, j'aimerais récapituler certains thèmes abordés jusqu'ici.

Le premier chapitre, intitulé « Balances anciennes », porte sur notre sens de l'équité, de l'équilibre et de la justice, lequel remonte effectivement à des temps très anciens. Il préexistait peut-être même à l'entrée en scène des humains — point de vue que tendent à confirmer les études scientifiques du comportement des singes et des chimpanzés. Ces animaux ont des opinions très arrêtées sur la répartition des biens et la justesse du taux de change ; ils refusent par exemple de troquer un caillou contre une tranche de concombre si le voisin, pour le même « prix », obtient un raisin, et ils se souviennent des faveurs qu'on leur doit en contrepartie des services qu'ils ont rendus. J'ai formulé l'hypothèse suivante : aucun des nombreux mécanismes qui régissent la dette et le crédit n'existerait sans un module humain inné ayant pour fonction de mesurer l'équité et l'iniquité ainsi que de viser l'équilibre. Dans le cas contraire, personne ne prêterait ni ne rembourserait. Chez les animaux solitaires comme les porcs-épics, un tel module ne servirait à rien ; chez les animaux sociaux comme nous, dont la survie exige des échanges, il semble au contraire nécessaire.

Comme l'est, du reste, l'idée de vengeance, soit les mesures négatives à prendre en cas de défaut de paiement.

Sur de telles assises archaïques, on a érigé une foule de mécanismes complexes de dettes et de remboursements. À titre d'exemple, citons le jugement posthume de l'âme chez les anciens Égyptiens : d'un côté de la balance, le cœur du défunt ; de l'autre, la vérité, la justice, l'équilibre et le bon comportement, toutes vertus incarnées par une déesse, ainsi que l'ordre du cosmos ; jugé déficient, le cœur était dévoré par un monstrueux dieu crocodile.

Les dettes ne sont pas toutes monétaires : il y a aussi les dettes morales, celles qui traduisent un déséquilibre de l'ordre des choses. Dans toute question relative au principe même de la dette, l'équilibre joue ainsi un rôle crucial : le débiteur et le créancier représentent les deux faces d'une seule et même entité, dont l'une ne peut exister sans l'autre, et les échanges entre les deux — dans une économie, une société ou un écosystème sain — tendent vers l'équilibre.

Le deuxième chapitre, « La dette et le péché », a trait, on ne s'en étonnera guère, au lien entre ces deux réalités. Sur le plan moral, qui, du débiteur ou du créancier, est le plus coupable ? On a imputé la faute aux deux. Le chapitre porte également sur le rapport entre la dette et la mémoire, et donc entre la dette et les contrats écrits ; cela conduit tout naturellement à un thème persistant de la culture occidentale, c'est-à-dire le pacte avec le Diable, vu comme la première forme du régime « achetez maintenant, payez plus tard », comme le montre éloquemment l'exemple du docteur Faust. Dans un « pacte faustien », on cède son âme ou autre chose d'aussi vital en échange de babioles fastueuses, mais, en fin de compte, éphémères et sans valeur. Je me suis également intéressée au rachat, idée qui s'applique aussi bien aux prêts sur gages qu'aux âmes et aux esclaves.

Dans le troisième chapitre, « La dette comme récit », j'examine plus en détail le pacte faustien, et en particulier les histoires du docteur Faust de Christopher Marlowe et du personnage de Charles Dickens connu sous le nom d'Ebenezer Scrooge, le second étant, à mon avis, l'image inversée du premier. Je présente la dette comme l'un des grands thèmes récurrents de la fiction occidentale, notamment celle du XIXe siècle — au cours duquel, en raison du triomphe du capitalisme et de l'imposition de l'argent comme mesure de presque tout, la dette a joué un rôle déterminant dans la vie de bien des personnes en chair et en os. Au XIXe siècle, les moulins de l'industrie, toujours plus gros et plus nombreux, ont favorisé l'expansion du capitalisme, et j'ai examiné les sinistres attributs traditionnellement associés aux meuniers : on les considérait comme des tricheurs et, dans la mesure où ils réussissaient à générer de l'argent à partir de rien, on les soupçonnait de pactiser avec le Diable. Les moulins et les meuniers sont associés aux moulins magiques du folklore, capables de produire à peu près tout ce qu'on exige d'eux, mais, une fois lancés, très difficiles à arrêter. J'ai terminé ce chapitre en faisant référence aux moulins des dieux, qui broient lentement mais très finement. Selon l'interprétation la plus répandue de cet antique dicton grec, les mauvaises actions sont parfois punies longtemps après avoir été commises, mais le châtiment n'en est que plus terrible.

Cette réflexion tonique a débouché sur le quatrième chapitre, « La face cachée », dans lequel j'aborde les formes les moins édifiantes de la dette et du crédit, notamment les prisons pour dettes, les méthodes de recouvrement criminelles des usuriers, la liquidation des créanciers, les soulèvements contre l'autorité en cas d'imposition d'une taxation trop lourde ou trop injuste et — en marge du monde financier, dans un domaine où les remboursements pécuniaires ne s'appliquent tout simplement pas — les vengeances sanglantes motivées par la rancune.

Cela nous amène à « Vengeance », mon cinquième et dernier chapitre. Je vais m'arranger pour qu'il soit le moins douloureux possible. Non, à la réflexion, je n'en ferai rien. Pas de vengeance sans douleur, n'est-ce pas ?

Dans mon coin du monde, on entend un échange rituel qui va comme suit :
Première personne : « Quel beau temps nous avons. »
Deuxième personne : « Nous allons payer pour ça plus tard. »
Comme le Canada est mon coin du monde et que le mauvais temps y est fréquent, nous finissons toujours, en effet, par payer. Quelqu'un a dit : « Cette attitude n'est pas canadienne. Elle est presbytérienne. » Quoi qu'il en soit, on entend souvent ces paroles.

Cet échange rituel traduit une conception plus large des plaisirs de la vie : ils nous sont prêtés ou offerts à crédit, et il faudra tôt ou tard rembourser. C'est le sujet du présent chapitre. Le moment est venu de payer. Ou, à défaut, de subir la vengeance du créancier. Le moment en tout cas où on pèsera ce qu'il y a sur l'autre plateau de la balance — votre cœur, votre âme ou vos dettes — avant de rendre un verdict.

Chaque dette s'assortit d'une date de remboursement. Sinon, le créancier, incapable de récupérer son argent, ne prêterait pas, et la dynamique des emprunts et des remboursements disparaîtrait d'un coup. Dans l'industrie des services financiers, la date d'échéance figure sur les documents relatifs aux prêts hypothécaires et autres de même que sur les conventions qui régissent les cartes de crédit. Vous devez rembourser avant la date d'échéance ou renouveler votre dette ; en cas de non-paiement des achats portés sur une carte de crédit, les intérêts s'accumulent, et la situation se dégrade rapidement.

D'autres types de prêts s'assortissent eux aussi d'une date d'échéance. En fait, on associe les prêts de toute nature à des symboles liés au temps, à la comptabilité et aux chiffres. Dans le Livre de Daniel, une main sans corps apparaît au festin du roi Belschatsar (Balthazar) et écrit sur le mur : *Compté, compté, pesé et divisé.* Pour le prophète Daniel, cela signifie que les jours du royaume de Belschatsar sont comptés — autrement dit, que son heure est venue —, qu'il a été pesé (à l'aide de la balance de l'âme, du cœur ou des péchés dont se servaient les anciens Égyptiens, supposons-nous). Le lendemain, c'est la vengeance : Belschatsar est tué et son royaume divisé.

Les calendriers, les horloges, les cloches qui sonnent les heures : autant de marques du temps, et le temps court, pour la vie mortelle comme pour les dettes. L'horloge trop grande pour la tablette, celle que le magasin a livrée le jour de la naissance du grand-père et qui a fait tic-tac, tic-tac, sans jamais faillir en quatre-vingt-dix ans, tic-tac, tic-tac, a égrené les secondes de sa vie comme les battements de son cœur. Mais, à la mort du vieil homme, elle s'est arrêtée pour ne plus jamais se remettre en marche. (J'ai décidément appris quelques chansons mémorables en troisième année.)

La figure médiévale de la Mort est armée d'un sablier et d'une faux, et le sablier indique que le sable du temps — votre temps — est compté et s'écoule vite. Le char ailé du temps n'est jamais loin. Dans *Le Masque de la mort rouge* d'Edgar Allan Poe, où, dans l'espoir d'échapper à la peste, le prince Prospero et un millier de convives triés sur le volet, réunis dans son palais, passent d'une pièce vivement colorée à une autre, il y a, dans la septième et dernière salle, une énorme horloge d'ébène. (Pourquoi sept ? Les sept âges de la vie, peut-être ?) L'horloge menaçante fait tic-tac, elle aussi, puis elle sonne douze coups, car il est minuit — heure mystique —, et tous les participants se couvrent de taches pourpres et s'effondrent, car on a beau courir, on ne peut se cacher. Ni du Temps ni de sa sœur siamoise, la Mort. (L'horloge de Poe, celle du grand-père de quatre-vingt-dix ans de même que les montres et les horloges présentes dans de si nombreux romans policiers — celles qu'une balle a trouées — s'arrêtent avec le dernier battement du cœur.)

Ne demandez donc jamais pour qui sonne le glas, ainsi

que le recommandait John Donne, poète du XVIIe siècle. Car il sonne pour vous. Ou il sonnera pour vous. Et il s'arrêtera alors, exactement comme les horloges littéraires.

Le temps est l'une des conditions de la vie de nos enveloppes corporelles ; sans lui, nous ne pourrions pas vivre : faute de pouvoir changer, nous serions figés, comme des statues. Mais à la fin du temps — de notre temps —, nous n'avons plus besoin du Temps. Pas d'horloges au Paradis. Ni en Enfer. Aux deux endroits, il n'y a que le Présent. Du moins si on en croit la rumeur. Au Paradis, il n'y a pas de dettes : elles ont toutes été remboursées, d'une façon ou d'une autre. En Enfer, en revanche, il n'y a que des dettes, et on vous force à effectuer d'innombrables paiements ; même si vous ne réussirez jamais à effacer l'ardoise pour de bon, il faut payer, payer, et encore payer. L'Enfer, c'est donc comme une diabolique carte de crédit dont la limite est atteinte, et les frais se multiplient à l'infini.

Voici ce que dit le docteur Faust sur l'échéance de la dette qu'il a contractée auprès de Méphistophélès. Il réfléchit à l'implacable passage du temps tout en rêvant avec éloquence d'un sursis :

> J'ai signé un pacte avec mon sang. Le terme est échu, l'heure est proche, il va venir me chercher. [...]
> Ah ! Faust !
> Tu n'as plus maintenant qu'une dernière heure à vivre,
> Et tu devras alors être à tout jamais damné.
> Vous, planètes du ciel, suspendez votre course,
> Que s'arrête le temps et que jamais minuit ne sonne !
> Œil du monde, beau soleil, lève-toi et engendre
> Un jour sans fin, ou que cette heure soit
> Un an, un mois, une semaine, une journée,
> Pour que Faust se repente et qu'il sauve son âme !
> *O lente lente currite noctis equi !*
> Les étoiles se meuvent, le temps s'écoule, l'horloge va sonner,
> Le diable va venir, Faust doit être damné.

Tiré d'un poème d'Ovide, le vers en latin de la tirade, dans lequel le poète implore les chevaux de la nuit — ceux qui tirent le char du Temps — de ralentir, est d'une ironie triste, empreinte de nostalgie. Ainsi, la nuit s'étirera, et il pourra passer plus de temps au lit dans les bras de sa maîtresse. Mais l'invocation du pauvre docteur Faust reste lettre morte : le temps avance implacablement, il court même. L'horloge sonne, mais aussi la cloche de minuit, et c'est l'heure de l'échéance tant redoutée.

Comme je l'ai déjà dit, on a de bonnes raisons de penser que le docteur Faust de Christopher Marlowe et l'Ebenezer Scrooge de Dickens sont le reflet l'un de l'autre : tout ce que fait Faust, Scrooge le fait à rebours. Et il en va ainsi pour le Temps. Le rêve de Faust — que le Temps s'étire et devienne élastique afin que le contrat qu'il a signé avec Méphistophélès n'arrive pas à échéance et qu'il ne soit pas forcé de lui céder son âme et son corps — correspond en fait à l'expérience de Scrooge.

Pour les deux hommes, l'heure fatidique sonne entre minuit et une heure du matin. Ceux qui suivent les chemins tortueux de l'association mythologique croient que minuit marque le début de ce qu'on appelle un moment charnière. L'expression est aujourd'hui synonyme de tournant, mais je l'emploie ici dans un sens plus ancien. Je veux parler d'une époque où on pensait que le temps s'ouvrait et se fermait à des moments précis — à l'Halloween et aux solstices, par exemple —, les portes de notre monde et d'autres mondes tournant alors sur leurs gonds. Et c'est à cette heure que Faust est taillé en pièces par des démons.

Cette heure revêt aussi une grande importance pour Ebenezer Scrooge qui, deux nuits de suite (la première étant celle du 24 décembre), reçoit les deux premiers esprits à une heure du matin et le troisième à minuit, le troisième soir (c'est du moins ce qu'il croit). À son réveil, cependant, il constate que les trois nuits se sont fondues en une seule. Au lieu du surlendemain de Noël, c'est encore le matin de Noël. Pour Scrooge, le temps a donc ralenti, et le personnage a accompli en une seule nuit ce qui aurait dû lui en prendre trois ; au cours de cette unique nuit, il a aussi revécu sa vie en entier et eu un aperçu de sa mort avant d'être brusquement ramené vers le présent. Ainsi, la date d'échéance qui lui avait été fixée a été reportée, et il entre à nouveau dans le monde — un monde qu'il peut enfin déclarer sien :

> C'était une colonne de lit.
> Oui ; et de son lit encore et dans sa chambre, bien mieux. Le lendemain lui appartenait pour s'amender et réformer sa vie !

Il déclare alors ne pas connaître le jour du mois et il est gai comme un écolier, un bébé même. Retentit un vif carillon, mais les cloches ne sont ni le glas qui annonce solennellement un décès, ni celles qui marquent le passage inexorable du temps. En fait, ce carillon joyeux célèbre une naissance, ou plutôt deux : celle de Jésus et celle du bébé Scrooge, né une seconde fois. Les cloches marquent également la suspension des règles du temps et, par voie de conséquence, celles de la dette. Scrooge bénéficie d'un véritable sursis — d'une vie nouvelle, en fait. Et il la mettra à profit pour rendre ce qu'il a reçu. Pour « s'amender », ainsi qu'il le dit lui-même.

Réfléchissons un moment à l'origine du mot « amender ». Il vient d'un mot latin qui, à l'origine, signifiait un paiement en argent ou en nature versé en contrepartie d'une mauvaise action. En s'amendant, Scrooge s'acquitte donc d'une dette morale. Envers qui l'avait-il contractée ? Pourquoi ? Selon Dickens, il est le débiteur de son prochain : pendant toute sa vie, il a pris le bien d'autrui — c'est ainsi qu'il a fait fortune —, sans jamais rien remettre. En étant créancier au sens financier du terme, il est devenu débiteur au sens moral, et ce constat est le moteur de sa transformation. L'argent n'est pas le seul objet qui n'a de valeur que s'il circule ; pour l'équilibre du système social, les bonnes actions et les cadeaux doivent le faire aussi — comme chez les chimpanzés.

Nous savons à quoi Scrooge consacre le surcroît de vie qui lui est accordé : acheter une dinde, sauver Tiny Tim, donner à des œuvres de bienfaisance, jouer à des jeux de société, augmenter le salaire de Bob Cratchit ; bref, il se soucie de son prochain, ce qui, dans certains cas, se manifeste par les sommes qu'il est prêt à dépenser. À ce stade du récit, les lecteurs comme les spectateurs sont ravis : nous éprouvons une confortable sensation de chaleur, semblable à celle que procure un grog, et nous versons des larmes attendries. Moi, en tout cas. Mais alors la belle scène éclairée par le scintillement de la neige s'estompe, et nous refermons le livre, sortons de la salle de cinéma ou éteignons le téléviseur ; nous n'y pensons plus, car il s'agit après tout d'un conte pour enfants désuet, et nous devons réintégrer le monde adulte.

Mais restons un instant avec Scrooge et livrons-nous à un petit exercice mental. Certaines personnes ont l'habitude de demander : « Que ferait Jésus en pareille circonstance ? » La question est édifiante à souhait, même si elle suscite parfois de curieuses réponses : bombarder l'Iran, arnaquer les pauvres, incendier une église, salir la réputation de ses adversaires politiques, tâter de la torture, et ainsi de suite. On a du mal à imaginer Jésus se plantant au-dessus d'un prisonnier de guerre ligoté et lui assénant des coups d'aiguillon à bétail. Je suis peut-être vieux jeu, mais, dans les textes officiels le concernant, Jésus est victime et non auteur d'agressions.

La plupart d'entre nous ne ressemblent pas beaucoup à Jésus, et il nous est difficile d'imaginer ce qu'il ferait s'il était présent en chair et en os. Si nous ne ressemblons pas beaucoup à Jésus, nous avons de nombreux points communs avec Scrooge. Que ferait ce dernier s'il était parmi nous et faisait face aux problèmes du monde moderne, sans parler de la date d'échéance qui approche à grands pas ? Si on lui donnait du temps pour s'amender, quelles formes ces changements prendraient-ils ?

Scrooge se sentirait-il l'obligation de s'acquitter d'une dette morale envers son prochain ou se rendrait-il compte qu'il a encore d'autres types de dettes à rembourser ?

Voyons voir.

Comme vous le savez, il y a deux Scrooge. Le vieux pécheur insatiable, avide, cupide, pingre, grippe-sou, avare et impitoyable que nous rencontrons au début de l'histoire — je l'appellerai, à l'exemple de certains fabricants de sodas et de chips, le « Scrooge Original ». Et il y a le Scrooge deuxième manière, celui d'après la renaissance spirituelle. Je l'appellerai le « Scrooge Lite » puisque, dans les illustrations d'Arthur Rackham, on voit le Scrooge Original penché sur un lourd sac rempli d'argent, tandis que le Scrooge Lite se tient bien droit, les mains ouvertes — il ne s'accroche plus à l'argent —, heureux et souriant, l'esprit et la bourse plus légers. Apparemment, les recherches modernes confirment les intuitions de Dickens et de Rackham — ce qui rend les riches heureux, c'est moins leur fortune que le fait d'en faire profiter les autres. J'ai lu une description du phénomène dans le journal ; impossible, donc, de mettre son authenticité en doute.

Si vous voulez connaître ce bonheur par vous-mêmes, je vous suggère de participer à la campagne visant à sauver les albatros de l'extinction. C'est un objectif réalisable.

Réalisable aujourd'hui, s'entend. Mais demain, qui sait ? Comme le crédit et la vie ici-bas, la préservation des espèces menacées a une date d'échéance.

Quoi qu'il en soit, tels sont les deux Scrooge traditionnels : le Scrooge Original et le Scrooge Lite. Postulons maintenant l'existence d'une troisième version : Scrooge tel qu'il serait s'il vivait parmi nous au début du XXIe siècle. Je l'appellerai le « *Scrooge Nouveau*[1] », comme on le fait parfois dans les pays

---

1. En français dans le texte. (*N.d.T.*)

anglo-saxons pour introduire un produit haut de gamme. Tout sonne toujours mieux en français.

Le Scrooge Nouveau a le même âge que le Scrooge Original, mais, à le voir, on ne le croirait pas. Il a l'air plus jeune, car, au contraire du Scrooge Original, il dépense sans compter, c'est-à-dire qu'il investit dans sa personne : greffe de cheveux, visage retouché çà et là et peau hâlée (il voyage beaucoup à bord de son yacht privé). Dans le noir, ses dents très blanches, restaurées une à une par des mains expertes, jettent une lueur sinistre.

J'allais lui attribuer un terrain de golf à lui tout seul, mais c'est impossible : un terrain de golf à un seul joueur n'en est pas vraiment un, de la même façon qu'une fourmilière abritant une seule fourmi n'en est pas vraiment une. Et le Scrooge Nouveau n'a aucune envie de jouer avec d'autres, car l'idée de perdre lui est insupportable, même en théorie. Parfois, il va à la chasse et abat des animaux, mais seulement à bonne distance. En matière de divertissement, ses goûts s'apparentent à ceux du prince de la Renaissance de Machiavel, même s'il n'empoisonne personne. Pas directement, en tout cas. Les empoisonnements sont un effet secondaire regrettable mais inévitable des analyses de rentabilité : il serait trop coûteux de les éviter tous, et les poursuites qui s'ensuivent sont défalquées du bilan à titre de dépenses d'exploitation.

Au contraire du Scrooge Original, le Scrooge Nouveau n'est pas irascible, du moins en apparence. Il y a un livre en anglais qui vous explique comment devenir très, très riche en vous comportant comme un A — signe de dollar, signe de dollar — H-O-L-E[2], mais le Scrooge Nouveau, déjà très riche, n'a pas besoin d'agir de cette manière. Plus tôt, oui — et c'est ainsi qu'il a fait fortune —, mais, à présent, il laisse à d'autres le soin de faire son sale boulot. Ni bourru ni maussade, il ne se

---

2. *A$$hole*, c'est-à-dire « trou du cul ». *(N.d.T.)*

montre pas impoli envers ceux qui demandent la charité, comme l'était le Scrooge Original. S'il n'a pas envie de voir ces gens, il fait dire qu'il est en réunion.

Si le droit des sociétés avait existé en 1843, Scrooge aurait eu une société plutôt qu'une entreprise (il aurait été beaucoup mieux protégé !), mais les sociétés à responsabilité limitée ont vu le jour en 1854 et n'ont été dotées de leur arsenal juridique complet qu'à la fin du XIXe siècle. Le Scrooge Original était donc associé d'une entreprise appelée Scrooge et Marley. L'ordre des noms laisse entendre que Scrooge était l'associé principal et qu'il aurait occupé un magnifique bureau tout en fenêtres, s'il avait eu de telles préoccupations. Mais ce n'était pas le cas : le bureau du Scrooge Original était aussi lugubre, miteux et misérable que le reste de sa personne.

Le Scrooge Nouveau, en revanche, est un homme du XXIe siècle. À ce titre, il occupe un vaste bureau tout en fenêtres et il possède non pas une entreprise, mais bien une société. Plusieurs, en fait. Il les collectionne — c'est son passe-temps. Il se soucie peu de savoir ce qu'elles font, à condition qu'elles rapportent. Une partie de la fortune du Scrooge Nouveau a fini aux mains des quatre ex-Mme Scrooge, lesquelles occupent une place de choix dans les magazines à potins voués aux gens riches et célèbres. Deux d'entre elles ont accordé des interviews impudiques et fielleuses sur Scrooge, qui apprécie ce genre d'attention, avec modération, car il aime tout ce qui concerne sa personne. Il est narcissique et égocentrique, d'accord, mais on ne peut pas lui en faire reproche : pendant son enfance, les pubs lui ont répété qu'il « le » valait bien, qu'il se « le » devait à lui-même. À présent, il en est à sa cinquième épouse. C'est une superbe fille de vingt-deux ans, aux jambes interminables. Il se doit bien ça ; après tout, il le vaut bien.

Évidemment, ces locutions courantes au XXIe siècle sont issues de la terminologie de l'évaluation comptable — qui vaut quoi et à combien se chiffre la créance ? — et du crédit. Scrooge se doit des choses à lui-même ; bref, il est à la fois son créancier et son débiteur. Que s'est-il donc emprunté ? Du temps et des efforts, supposons-nous, le temps et les efforts qu'il a consentis pour faire fructifier la fortune dont il a hérité du Scrooge Original par l'intermédiaire du neveu de celui-ci, Fred. Il est désormais en mesure de se rembourser en s'offrant le mystérieux « le » de la pub — en général, le produit dont celle-ci fait la promotion. Il se « le » doit à lui-même, mais, par extension, il ne doit rien à personne. Pas un rond. C'est du moins ce qu'il pense.

Nous retrouvons le Scrooge Nouveau dans sa somptueuse villa, quelque part en — tiens, où, au fait ? —, en Toscane, dirons-nous, même s'il songe à se débarrasser de la baraque : le coin a été envahi par des magnats moins riches que lui, dont les éléphantesques demeures de parvenus gâchent le panorama. Mais Mme Scrooge n° 5, elle, est à Milan, à la recherche de talons aiguilles dernier cri. Le Scrooge Nouveau a passé l'après-midi en compagnie d'un de ses PDG, un certain Bob Cratchit — de l'avis du Scrooge Nouveau, une sangsue servile et surpayée, utile mais envieuse. Cratchit a une femme effrontée et mal habillée de même qu'une flopée d'enfants détestables, dont le plus jeune, Timmy, est un prodigieux geignard. Scrooge a l'habitude d'ignorer les allusions à peine voilées de Bob, qui aimerait que ses morveux soient invités à se baigner dans la piscine du patron.

C'est le soir. Scrooge s'est offert un repas modeste où figurait du bar du Chili — un poisson presque disparu, mais délicieux. Et comme ce spécimen était déjà mort, autant le manger, sinon il se serait perdu, non ? Après, il se détend avec, à la main, un verre de (à vous de choisir le vin millésimé) moelleux mais fruité, au nez audacieux, quand, soudain, il entend un bruit menaçant et détecte une odeur nauséabonde. C'est un bruit de succion mouillé et gargouillant, comme si quelqu'un pataugeait dans un marécage ; l'odeur est celle de la pourriture. L'étrange équipage gravit l'escalier de marbre de la villa et fonce droit sur Scrooge.

Qu'y avait-il donc dans la bouteille de (à vous de choisir le vin millésimé)? se demande-t-il. En pensée, il revient à l'époque de sa jeunesse où il a fait l'expérience des drogues. À peine a-t-il le temps de formuler intérieurement sa défense — « Je n'ai jamais inhalé la fumée! » — que déjà son ex-associé, Jake Marley, mort d'une crise cardiaque des années auparavant, sur le tapis roulant du gymnase high-tech de la société, se matérialise dans le fauteuil posé en face de Scrooge. Autour de Marley est enroulée une chaîne faite de poissons puants, d'animaux en décomposition ainsi que du crâne et de la chevelure de paysans du monde en développement. Elle traîne jusqu'à terre.

— Jake! s'écrie le Scrooge Nouveau. Tu dégouttes sur mon tapis oriental d'une valeur inestimable! Que viens-tu faire ici? Pourquoi ce monceau d'ordures?

— Je porte le monceau d'ordures que j'ai créé de mon vivant, dit Marley. Tu devrais voir le tien! Il est trois fois plus long et plus puant que le mien. Et, dans l'espoir de t'éviter un destin comme le mien, je suis venu te prévenir. Tu vas recevoir la visite de trois esprits.

— Ils ont rendez-vous? demande le Scrooge Nouveau en se disant qu'il va peut-être devoir congédier son adjointe administrative. Je ne pourrai pas les recevoir. Je serai en réunion.

— Le premier sera ici lorsque l'horloge sonnera une heure, dit Jake Marley avant de disparaître au milieu d'une bouffée de vapeur puante.

Scrooge regarde par la fenêtre, voit un grand nombre de morues en décomposition passer dans le ciel, un fauteuil du conseil d'administration attaché à chacune, prend une douche dans sa salle de bains en marbre pour s'éclaircir les idées, avale un somnifère et s'écroule sur son authentique et précieux lit à colonnes du XVIIe siècle.

Cela n'empêche pas le premier spectre de se pointer à son chevet à une heure pile. Il est de sexe féminin : c'est une jolie demoiselle vêtue de vert, aux cheveux ornés d'une couronne de fleurs. On la dirait sortie tout droit d'une pub de shampoing bio entièrement fait de produits naturels. L'expérience ne sera peut-être pas déplaisante, après tout, se dit Scrooge.

— Je vous fais une petite place ? demande-t-il en indiquant son lit.

Il se le doit bien. Mme Scrooge n° 5 n'en saura rien. Dans le cas contraire, il a les moyens d'affronter son déplaisir.

— Je suis l'esprit du Jour de la Terre passé, dit le fantôme. Levez-vous et suivez-moi.

Scrooge est sur le point de répondre que, si on entend l'obliger à se livrer à un exercice aussi violent que la marche, il doit enfiler ses tennis sur mesure à mille dollars, mais avant de pouvoir ouvrir la bouche, il est aspiré par la fenêtre et se met à voler dans les airs.

Il a malgré tout eu le temps de réfléchir.

— Il n'y avait pas de satané Jour de la Terre dans le passé ! aboie-t-il en direction de l'esprit.

— On n'en avait pas besoin, répond le spectre, tandis qu'ils glissent tous deux au-dessus des nuages. Honorer la Terre un jour par année ! Imaginez ! C'est comme la fête des Mères : une fois par année, se fendre d'une carte de vœux et d'un bouquet de fleurs pour la petite dame et l'exploiter le reste du temps. Les sociétés anciennes n'oubliaient jamais ce qu'elles devaient à la Terre, quelle que soit la saison. Sans exception, les religions célébraient le caractère sacré de la Terre et reconnaissaient avec gratitude que tout ce que les gens mangeaient, buvaient et respiraient leur venait d'elle par le truchement de la Providence. En ne respectant pas les offrandes de la Terre, en gaspillant et en se montrant cupides, ils attireraient sur eux les foudres de la divinité, c'est-à-dire la sécheresse, la maladie et la famine. De plus, les populations les plus anciennes avaient le sentiment de devoir restituer ce qu'elles recevaient. C'est de là que viennent les sacrifices : dans certaines cultures tribales sud-américaines, on utilise encore aujourd'hui l'expression « nourrir la terre » pour désigner les sacrifices humains. L'ethos dominant, c'était que les dettes devaient être remboursées avec régularité, faute de quoi les avantages consentis aux débiteurs seraient retirés.

Scrooge s'en veut : il n'aurait pas dû soulever la question et, ce faisant, s'exposer à ce long prêchi-prêcha.

— Où sommes-nous ? demande-t-il.

Ils semblaient s'être engagés dans un labyrinthe où clignotaient ombre et lumière.

— Nous traversons le temps, répond le fantôme. À rebours. Si vous avez le vertige, vous n'avez qu'à fermer les yeux.

— De toute façon, dit Scrooge, la civilisation a évolué. Finis les sacrifices grossiers. Nous abordons les choses de manière rationnelle, grâce à la science et aux analyses de rentabilité, et nous utilisons la dette comme outil de placement perfectionné…

Le spectre sourit.

— La Nature est une spécialiste des analyses de rentabilité, dit-elle. Mais elle fait ses comptes de façon un peu différente. Quant aux dettes, c'est toujours elle qui encaisse à la fin. La rationalité que vous invoquez date seulement de deux siècles. Les gens ont alors remplacé Dieu par ce qu'ils ont appelé « le Marché », et ils lui ont prêté les mêmes qualités : l'omniscience, l'infaillibilité et la capacité à opérer des « corrections » qui, au même titre que les châtiments divins d'autrefois, ont pour effet de faire disparaître un grand nombre de personnes. Les gens éclairés en sont venus à croire que la Terre n'était rien de plus qu'un assemblage de machines et que, par conséquent, tout ce qu'elle renfermait, y compris les animaux, n'existait qu'à seule fin d'être transformé à l'usage et au profit de l'Homme — comme un moulin à eau. Même au début du XXe siècle, les scientifiques affirmaient, par exemple, que les animaux n'avaient pas d'émotions et qu'ils pouvaient être traités comme de simples objets inanimés. On disait à peu près la même chose des classes inférieures en Angleterre et des esclaves partout dans le monde.

Cependant, poursuit le spectre, le sentiment que les humains avaient de vivre sur une Terre vivante a persisté, a survécu jusqu'à une époque relativement moderne, ne serait-ce que dans la langue. De quelqu'un qui mourait, on disait : « Il a payé sa dette envers la nature. » En d'autres termes, on ne faisait qu'emprunter son corps physique — qu'on ne possédait jamais à part entière —, et la mort constituait l'ultime forme de remboursement. Ce qui est littéralement exact, à condition que la parenté ne fasse pas incinérer le corps, qu'elle ne le fasse pas sceller dans un coffre de sépulture hermétique. À condition qu'on le laisse plutôt se dissoudre, retourner aux éléments…

Scrooge a la nausée. Il n'a jamais pensé que son corps lui était simplement prêté, et l'idée de le rendre dans des conditions aussi lamentables ne lui sourit guère. Son corps lui appartient à perpétuité, et c'est à lui qu'il incombe de le mettre en valeur, comme un bien immobilier. D'ailleurs, il a déjà beaucoup investi ! Certains bio-ingénieurs travaillent en ce moment même à un projet d'immortalité, et il entend y souscrire dès qu'ils auront des résultats probants. Pourquoi son corps ne resterait-il pas à son service jusqu'à la fin des temps ?

— On peut parler d'autre chose ? demande-t-il.

— Bien sûr, répond l'esprit. Notre premier arrêt, c'est Athènes, au VIe siècle avant notre ère.

Scrooge se retrouve dans une pièce nue mais propre, ouverte sur la mer et le ciel. Recouvert d'un drap, un vieux chnoque réfléchit.

— Cet homme est Solon, explique le spectre, le sauveur d'Athènes. Aux commandes du gouvernement depuis longtemps, l'aristocratie avait voté des lois à son avantage. Elle s'était ainsi adjugé une part tout à fait disproportionnée de la richesse de l'État. Après des années de mauvaises récoltes, elle a acculé les paysans pauvres à un endettement de plus en plus profond, puis au servage et à l'esclavage. En conséquence, l'économie stagnait.

— Je croyais que vous étiez l'esprit du Jour de la Terre, s'étonne Scrooge. Pourquoi me servir une leçon d'économie ?

— Comme l'a dit Charles Darwin : « La nature montre ici dans ses ressources une économie frappante », dit le spectre. La nature est source de toutes les richesses ; sans elle, pas d'économie. La première richesse, c'est la nourriture et non l'argent. Tout ce qui concerne l'utilisation de la Terre me concerne aussi.

Pour Scrooge, qui a toujours cru que la nourriture venait du restaurant ou de l'épicerie fine, il s'agit d'une idée saugrenue.

— Solon a longtemps été considéré comme le plus grand législateur des Athéniens, poursuit le spectre. En ce moment même, il réfléchit à la possibilité de régler les problèmes de la nation en éliminant la structure d'endettement qui a enrichi quelques-uns, mais appauvri tous les autres. Et c'est ce qu'il a fini par faire. Essentiellement, il a effacé toutes les dettes.

— Vous voulez dire qu'il a libéré les débiteurs de l'obligation de rembourser ?

Scrooge frissonne à la pensée de l'effet qu'une telle mesure aurait sur son portefeuille de placements.

— Parfaitement. Sinon, il y aurait eu une révolution sanglante et ruineuse : les paysans athéniens avaient été poussés à bout. Lorsque les créances se concentrent entre les mains de quelques privilégiés, il faut rétablir l'équilibre de façon pacifique ou se préparer à faire face au chaos et à la destruction. Dans ce cas, les riches et les puissants, qui profitaient de la situation depuis longtemps, ont dû rembourser, c'est-à-dire renoncer à leurs créances, et la prospérité de la collectivité a ainsi été rétablie. Voilà donc une façon d'équilibrer les comptes. Laissez-moi vous en montrer une autre.

Le temps vacille de nouveau et ils contemplent une ville portuaire du Moyen Âge.

— Caffa, explique l'esprit, au bord de la mer Noire, une colonie que les Génois ont fondée pour exploiter le commerce terrestre avec l'Extrême-Orient. Nous sommes en 1347. Ici, de nombreuses personnes s'acquittent de leur dette envers la Nature.

Scrooge et le spectre survolent Caffa en rase-mottes. La ville est en ébullition : elle a survécu de justesse à un siège des Mongols, mais elle a été infectée par la peste noire, dont les envahisseurs portaient le virus.

Dans les rues étroites, bondées et crasseuses, les habitants tombent comme des mouches, tandis que, dans le port, des hordes de citoyens paniqués s'entassent dans des bateaux dans l'espoir d'échapper à la malédiction.

— Pourquoi m'avoir conduit ici ? demande Scrooge. Pouvons-nous partir ?

La puanteur qui se dégage de Caffa est dix fois pire que celle du fantôme de Jake Marley.

— La peste noire est sur le point d'envahir l'Europe, dit l'esprit du Jour de la Terre passé. Aucun pays ne sera épargné. La peste viendra par la mer — ce sont les bateaux génois en provenance de Caffa qui la répandront — et consumera le continent. Les villes sont encombrées et insalubres, les pays surpeuplés et les peuples mal nourris, car ils ont épuisé les ressources alimentaires à leur disposition. Une bonne partie de la population est vulnérable puisque, au cours de la Grande Famine de 1315-1316, des pluies diluviennes ont détruit les récoltes et fait des centaines de milliers de victimes ; de nombreux Européens ont vu leur système immunitaire affaibli. Les pandémies de peste se repaissent du surpeuplement, des désastres écologiques et des populations mal nourries, à la santé précaire. D'ici deux ans, soit après la première grande vague de mortalité, la moitié des gens seront morts. Les villes seront désertes. Les oiseaux et les animaux mourront aussi en grand nombre. Des fermes tombées en ruine seront envahies par les forêts. La face de l'Europe sera transformée.

Scrooge a l'impression d'avoir sous les yeux un documentaire télé, du genre de ceux qui le font immédiatement changer de chaîne — la pauvreté, les famines, les maladies, les désastres et tout le reste. Pourquoi s'appesantir sur des détails aussi négatifs ? Il aimerait beaucoup, beaucoup être de retour dans son lit, dans un de ses lits. En accéléré, l'esprit et lui visitent plutôt les victimes de la peste noire, franchement horribles. Certains crachent du sang en toussant, d'autres deviennent tout noirs, d'autres encore se couvrent d'énormes bubons.

— Lorsqu'une situation mauvaise se dégrade, poursuit l'esprit, sentencieux comme les siens ont tendance à l'être, les réactions des gens sont prévisibles. Pendant la peste noire, nombreux sont ceux qui ont pris des mesures prophylactiques, par exemple allumer des feux odoriférants, abandonner des membres malades de leur famille et s'enfuir (d'où la propagation du virus). Les riches se barricadaient dans leur château dans l'espoir de fermer la porte à la peste. D'autres, sentant qu'était inutile toute planification à long terme, ont profité du moment présent et joui de la vie au maximum. Cette jouissance a pris de multiples formes : banquets, rapports sexuels consensuels, viols, pillages et saccages.

— Je peux voir ? demande Scrooge sans ambages.

L'esprit poursuit, imperturbable :

— D'autres encore ont tenté de prêter assistance à leurs semblables et de fournir des soins médicaux aux mourants, au prix souvent de leur propre vie. Ayant compris que la peste se transmettait par contacts personnels, certains villages infectés se sont bouclés hermétiquement dans l'espoir de freiner la propagation de la maladie. Des groupes ont imputé à eux-mêmes ou à d'autres — pécheurs, malfaiteurs, empoisonneurs de puits — la responsabilité de la peste. D'où l'apparition de flagellants qui priaient et se fouettaient sans merci. Errant çà et là, ils ont eux aussi propagé la peste. Des groupes honnis soupçonnés d'être des agents de la maladie — les lépreux, les gitans, les mendiants et les juifs, par exemple — ont subi de nombreuses attaques. Les juifs ont été victimes de quelque trois cent cinquante massacres. D'autres ont observé et témoigné : on doit à des contemporains la plupart des renseignements que nous possédons sur cette époque. Enfin, certains ont tenté de mener leur vie et de poursuivre leurs activités du mieux qu'ils pouvaient. Vous avez écouté ce que je vous ai raconté, Scrooge ?

— Évidemment, répond celui-ci.

En réalité, il est captivé par une scène qui se joue sous eux : une bande de fossoyeurs ivres du XIVe siècle — les bandes de motards criminels de ce temps-là — envahit une luxueuse villa qui n'est pas sans rappeler la sienne.

— Je récapitule les six réactions, dit l'esprit : se protéger, renoncer et faire la fête, aider les autres, désigner des coupables, témoigner et faire comme si de rien n'était. En cas de crise, ce sont les seules réactions possibles. À moins qu'il ne s'agisse d'une guerre, auquel cas deux autres s'ajoutent : lutter et capituler. Mais on peut sans doute y voir des sous-ensembles sinistres à ranger sous « aider les autres » et « renoncer et faire la fête ». Vous avez sans doute remarqué que certains de vos contemporains adoptent déjà l'un ou l'autre de ces six comportements. Décèleraient-ils les signes avant-coureurs d'une crise mondiale imminente ?

— Prophète de malheur, marmonne Scrooge.

Dans une telle éventualité, il sait quelle sera sa réaction. Il fuira — à bord de son jet privé — et fera la fête dans sa retraite insulaire des Antilles, où aucun paysan n'aura le droit d'entrer. Je ferai un pied de nez au destin, se dit-il. Mais une petite voix murmure en lui : « À condition que tu aies encore un pied et un nez. » Il frissonne. Tout n'est quand même pas si noir, songe-t-il.

Lisant dans ses pensées, l'esprit confirme :

— Tout n'était pas si noir. La mort libère de toutes les dettes et elle annule nombre d'entre elles. D'importants fonds de roulement ont ainsi été dégagés. En raison d'une pénurie de main-d'œuvre, le salaire des survivants a augmenté, et le lourd et dégradant système féodal a pris fin. La situation des femmes s'est améliorée : le marché de l'emploi s'est ouvert pour elles, comme durant la Première et la Seconde Guerre mondiale. Pour le meilleur ou pour le pire, une période d'innovation technique a débuté. Et pensez aux chefs-d'œuvre inspirés par la terrible maladie : *Le Décaméron* de Boccace, *La Peste* de Camus, *Le Septième Sceau,* du réalisateur suédois Ingmar Bergman. À quelque chose la peste est bonne.

— Je préférerais me passer des chefs-d'œuvre et de la peste.

— La peste fait peut-être partie de l'analyse de rentabilité de la Nature, dit l'esprit. Une façon d'effacer l'ardoise et de rétablir l'équilibre. Lorsque les Hommes deviennent trop irritants — trop nombreux, trop crasseux, trop irrespectueux de la Terre —, une peste se déclenche. Les animaux de la ferme entassés les uns sur les autres sont vulnérables à la même maladie. Pensez au chat qui crache une boule de poils et vous comprendrez.

La métaphore de la boule de poils n'est guère flatteuse pour l'humanité, dont Scrooge a l'impression de faire partie pour la première fois. Mais voilà que l'esprit l'entraîne de nouveau au-dessus des nuages. Ils laissent derrière eux les villes du XIVe siècle dévastées par la peste.

En compagnie de l'esprit du Jour de la Terre passé, Scrooge effectue un rapide voyage dans l'espace-temps. D'abord, ils visitent l'Amérique du Nord de 1793, où ils assistent au massacre des tourtes voyageuses — d'innombrables oiseaux, beaucoup plus qu'on ne peut en manger, sont abattus et abandonnés. « Patience, patience, le Seigneur ne permettra pas toujours qu'on détruise à plaisir ce qu'il a créé ; il finira par rendre justice aux tourtes aussi bien qu'aux autres, déclare un vieil homme à l'aspect paysan, debout tout près. […] je dis que c'est un péché que d'en tuer plus qu'on ne peut en manger. »

— Bas-de-Cuir, dit l'esprit, du roman *Les Pionniers*, publié par James Fenimore Cooper en 1832.

— Mais c'est seulement un personnage de roman ! s'écrie Scrooge.

— Vous aussi, répond l'esprit sur un ton de reproche.

Là, elle n'a pas tort, se dit Scrooge.

— Je voulais vous montrer que, même en Amérique du Nord — continent connu pour son abondance, du moins à l'époque —, des gens réfléchissaient déjà à l'exploitation raisonnable et déraisonnable de ce qu'on appelle le « capital naturel ».

Scrooge et l'esprit assistent ensuite à l'arrivée en Europe de la pomme de terre, plante bon marché et nutritive venue du Nouveau Monde. Elle se répand comme une traînée de poudre et provoque une explosion démographique qui, malgré de nouvelles épidémies de peste et d'autres maladies dévastatrices — tuberculose, diphtérie, variole, fièvre typhoïde, choléra, syphilis, pour n'en citer que quelques-unes —, repeuple les villes et les pays, voire augmente leur population.

L'esprit du Jour de la Terre passé est cinglé, décide Scrooge. Il l'oblige à assister à l'arrivée du mildiou de la pomme de terre des années 1840, épidémie qui ravage l'Irlande et souligne, ajoute l'esprit, les dangers de la monoculture, pratique que la Nature réprouve depuis toujours. Il est fou, dit l'esprit, de dépendre de quelques cultures — blé, riz, maïs et soja, par exemple, comme on le fait au XXIe siècle —, car une maladie peut entraîner une famine instantanée.

Laissant derrière eux les Irlandais hurlants et agonisants, Scrooge et l'esprit survolent Londres où, comme dans un accéléré, Scrooge assiste à la naissance des usines aux cheminées fumantes, à la surpopulation qu'elles amènent de même qu'aux souffrances causées par les cycles brutaux du capitalisme naissant. Les bidonvilles enfumés grouillent d'enfants difformes, au teint verdâtre ; les familles dorment à quinze dans des pièces sans air, où règne une odeur pestilentielle. On voit partout des égouts à ciel ouvert.

— Comment peut-on vivre ainsi ? demande Scrooge. C'est répugnant.

— Que voudriez-vous que ces gens fassent ? répond l'esprit. Il n'y a pas de filet de sécurité sociale.

— Eh bien, les philanthropes n'auraient qu'à intervenir...

Scrooge croit fermement que les types comme lui devraient être délestés du fardeau des inégalités sociales — sans parler de celui des impôts.

— « Il n'y aurait plus de Pitié / Si nous ne faisions plus de Pauvres, / La Merci n'aurait plus lieu d'être / Si tous étaient aussi heureux que nous », murmure l'esprit.

— Pardon ? fait Scrooge.

— Quelques vers légers de William Blake, répond l'esprit. C'est presque la fin de mes voyages en votre compagnie. Je ne peux vous faire voir qu'une seule autre scène. Nous sommes en 1972, à Toronto, au Canada.

Le temps vacille, et Scrooge se retrouve dans une pièce à l'aspect contemporain. Pas d'enfants ratatinés, de pestiférés ni de pommes de terre pourries. C'est un soulagement. Il n'y a là qu'une femme de soixante-trois ans qui lit un journal. Elle découpe un article, plie le morceau de papier et le glisse dans une enveloppe. Puis elle cachette cette dernière et y inscrit la date. Enfin, elle descend au sous-sol et la range dans une malle.

— Qu'est-ce qu'il disait ? demande Scrooge. Que disait l'article qu'elle a découpé ?

Mais l'horloge sonne de nouveau un seul coup, et l'esprit du Jour de la Terre passé chancelle et se dissout, puis il se reforme, sauf qu'il s'agit cette fois d'un homme. Scrooge a horreur des changements de sexe. Ils lui donnent la chair de poule.

— Salut, Scrooge, mon pote, dit l'homme, qui affecte la décontraction façon Côte Ouest. Je suis l'esprit du Jour de la Terre présent. Appelle-moi l'E du JTP.

Le spectre porte un casque de vélo et un t-shirt en chanvre sur lequel est écrit : « Touche pas à mon arbre ». Dans une main, il a un sac réutilisable fait de bouteilles de soda recyclées et, dans l'autre, une tasse sur laquelle Scrooge lit : « Café biologique produit à l'ombre (sans pesticides) dans le respect des règles du commerce équitable et sans danger pour les oiseaux chanteurs ». Il ressemble un peu à David Suzuki, un peu à Al Gore et un peu au prince Charles en agriculteur bio.

— Alors, demande-t-il à Scrooge, quel désastre imminent souhaites-tu voir en premier ?

Scrooge répondrait volontiers : « Aucun », mais il a compris que c'était impossible.

— Je vous laisse le soin de choisir, répond-il sur un ton bourru.

Le type semble relativement inoffensif, quoique très bizarre — à la façon d'un hippie qui, après un passage dans un téléporteur, aurait vu quelques parties de son anatomie se mélanger.

— D'accord, dit l'esprit.

L'instant d'après, Scrooge est au fond de l'océan. Un immense filet racle le sol marin, détruisant tout sur son passage. Devant lui s'épanouissent des forêts sous-marines grouillantes de créatures vivantes, plantes et animaux ; derrière, le désert. Puis le filet est ramené à la surface et la plupart des prises mortes ou agonisantes sont lancées par-dessus bord. Seules quelques espèces commercialisables sont conservées.

— C'est comme sarcler son jardin à l'aide d'une chargeuse forestière, réduire toute la terre en miettes, garder quelques cailloux et déverser le reste dans les égouts, dit l'esprit. Ajoute la surpêche — rien de plus facile avec les bateaux géants équipés de sonars qui permettent de détecter les poissons rapidement —, et ce sera bientôt la fin des poissons. Lorsqu'on exploitait des bateaux plus petits, les pêcheries étaient viables, plus ou moins. Les pratiques high-tech et hyper efficaces en usage depuis une quarantaine d'années ont détruit le tiers des océans productifs. Les gens sont convaincus que les océans se rétabliront, et c'est possible, mais il faudra attendre des milliers d'années. De nos jours, des bateaux de plus en plus gros se disputent des poissons de moins en moins nombreux. Le plus idiot, c'est que les gouvernements subventionnent les flottilles de pêche qui causent le plus de dommages. Alors les gens ne paient pas le juste prix des poissons qu'ils consomment. Du moins pas directement. Mais ils paient par le truchement de leurs impôts.

— Les impôts ! s'exclame Scrooge.

Chez lui, c'est une question sensible.

— Vous voulez dire que mes impôts financent ce gaspillage éhonté ?

— Et ce n'est pas le seul gaspillage dont tu assumes les coûts, répond l'esprit. Faut-il que je te parle des politiques agricoles de certains gouvernements, lesquels subventionnent des biocarburants qui consomment plus d'énergie qu'ils n'en produisent ? Et les coûts sont encore plus élevés lorsqu'on tient compte des atteintes portées à la terre : l'épuisement des sols, la destruction des écosystèmes par les herbicides et les pesticides. On brûle des cultures vivrières au lieu de les réserver à la consommation humaine, ce qui a un effet sur le prix des denrées alimentaires. Bref, on retire une partie de la biomasse de la circulation et on la réduit en cendres. Du côté de la surpêche, cependant, on aura peut-être bientôt de l'aide : lorsque les prix du carburant seront trop élevés, l'exploitation des bateaux géants ne sera plus rentable, d'autant qu'ils n'auront plus beaucoup de poissons à « récolter », comme ils disent, le rendement de la pêche, c'est-à-dire les captures par unité d'effort, ayant diminué de 80 % en trente ans.

Scrooge se sent légèrement indisposé. Il a l'impression d'entendre le bar du Chili qu'il a mangé lui adresser des reproches du fond de son estomac.

Ils se rendent ensuite dans la forêt pluviale amazonienne, qu'on rase à la vitesse grand V au profit de quelques années de production de soja et d'élevage du bétail. Vient ensuite le Congo, où la déforestation s'accélère, et les forêts boréales, où les arbres sont mâchouillés comme des cure-dents.

— Un arbre à maturité, dit l'esprit, produit les deux tiers de l'oxygène dont un humain a besoin pour respirer. Abats des millions d'arbres et ajoute des millions de poumons à remplir chaque année, et tu verras ce qu'il advient de la qualité de l'air. Et je ne parle même pas des inondations, de l'érosion des sols ni des sécheresses, autant de conséquences prévisibles des coupes aux mauvais endroits.

Ils survolent l'Antarctique, où de gigantesques plates-formes de glace se détachent et fondent, et l'Arctique, où le dégel de la toundra produit d'énormes nuages de méthane. Ils observent la montée du niveau de la mer, regardent des gens se noyer ou s'enfuir, voient deux cyclones d'une extrême intensité fondre sur des littoraux bas et populeux.

— Ne pouvez-vous rien faire pour arrêter tout ça ? s'écrie Scrooge.

— Dans ce domaine, il est difficile de se mettre d'accord sur des lois internationales, répond l'esprit, car les diverses parties ne s'entendent pas sur ce qui est juste. C'est comme pour les singes : si l'un d'eux a un raisin, tous les autres en réclament un aussi. « Vous avez ruiné votre écologie pour réaliser des profits, affirment les pays pauvres. Nous n'avons pas de leçons à recevoir de vous. » Ce sont la pauvreté et la cupidité qui tuent la Terre. N'oubliez pas que de nombreux pays où la destruction est très avancée sont lourdement endettés envers les pays riches. La dette est donc aussi en partie responsable de la destruction.

« Le Fonds monétaire international et la Banque mondiale — institutions créées dans les années 1940 pour venir en aide à ce qu'on appelle le monde en développement — ont persuadé les dirigeants souvent peu scrupuleux de ces pays d'emprunter beaucoup d'argent. Ces derniers ont ainsi eu le loisir de dépenser sans compter et de crever les paysans au boulot pour rembourser des dettes toujours plus lourdes. Désespérés, ces derniers ont surexploité leurs terres, ce qui a eu pour effet d'amoindrir leurs rendements, de les appauvrir et de les rendre encore plus vulnérables aux famines. On songe à la perception à ferme des impôts en vigueur du temps de l'Empire romain, c'est-à-dire une méthode permettant aux nantis de s'enrichir au détriment des pauvres, suivant une perspective descendante. Résultat ? La situation qu'on connaît aujourd'hui : l'avoir net combiné des vingt-cinq millions de particuliers les plus riches de la planète est égal à celui des deux milliards de particuliers les plus pauvres.

Scrooge est sur le point de déclarer que les riches, en raison de leur fibre morale exceptionnelle et de leurs gènes supérieurs, méritent leur fortune, mais il voit l'esprit froncer les sourcils et se ravise.

— Lorsque l'écart entre les débiteurs et les créanciers — entre la pauvreté et la richesse — est trop prononcé, que les pauvres croulent et meurent sous le poids de l'endettement et que le sens de l'équité et de la justice est bafoué, poursuit l'esprit, ne crois-tu pas que les gens ont de bonnes raisons d'agir comme ils l'ont fait à maintes occasions par le passé, soit renverser leurs dirigeants, tuer leurs créanciers (s'ils réussissent à les attraper) ou simplement refuser de rembourser leurs dettes ?

— Mais tout le système se détraquerait ! se récrie Scrooge.

— Tu n'as rien compris, tranche l'esprit. La vérité, c'est qu'il est déjà détraqué.

Descendant de la stratosphère, ils atterrissent dans une soirée donnée à Toronto. Ici, pas de paysans affamés. Il y a amplement à boire et à manger. Des gens bien habillés devisent aimablement. Il est question de la pénurie alimentaire mondiale du printemps 2008 et des émeutes qui en ont vite résulté.

— Les coupables, ce sont ceux qui spéculent sur les denrées, déclare un invité. Ils constituent des réserves. Avez-vous une idée des milliards que les grandes sociétés ont engrangés grâce à cette pénurie ?

— Mais le problème, réplique un autre, c'est qu'il n'y a vraiment pas assez de nourriture.

— On n'a qu'à en produire davantage, déclare un autre.

— Bien sûr, concède le deuxième. Jusqu'à ce qu'on ait atteint la limite. On ne peut pas prendre et prendre toujours sans jamais rien restituer.

— La révolution verte a entraîné une augmentation de la production. Pensez aux engrais, aux pesticides et aux semences génétiquement modifiées.

— Au début, oui, admet le deuxième. Puis elle a plafonné et laissé les sols épuisés. Dans les régions de l'Inde assujetties à ce qu'on appelle la révolution verte, les seuls agriculteurs qui tirent leur épingle du jeu sont ceux qui ont choisi la voie du bio.

— Qu'arrivera-t-il quand les Indiens et les Chinois auront tous une voiture ? demande un quatrième. Nous allons étouffer !

— L'augmentation du prix de l'essence tuera cette tendance dans l'œuf, répond le premier. Ils n'auront pas les moyens de faire rouler leurs véhicules.

— Il y a trop de gens, dit le deuxième. La planète compte 20 % de terres fermes. Seulement 3 % de ces terres sont propices à l'agriculture. La plupart des habitants de la planète vivent de la production de 2 % du territoire. L'habitat se rétrécit comme peau de chagrin, et nous détruisons le peu qu'il en reste.

— Ces prédictions malthusiennes, nous les avons déjà entendues, déclare le troisième.

— Ce qui ne veut pas dire qu'elles sont fausses, lance le quatrième.

— De toute façon, conclut le cinquième, moi je n'y peux rien. Ces phénomènes nous dépassent ! Mieux vaut s'amuser pendant qu'il est encore temps.

Ils lèvent leur verre à ces bonnes paroles.

— Ne soyez pas stupides ! aboie Scrooge.

Mais ils ne l'entendent pas. Leurs rires joyeux s'estompent.

L'instant d'après, il est de retour dans le sous-sol de 1972, celui où il a vu la vieille femme et la malle. Mais c'est le présent, et une autre vieille femme ouvre la malle. Elle trouve l'enveloppe laissée là trois ou quatre décennies plus tôt et l'ouvre. « Je me demande pourquoi maman a gardé ça », songe-t-elle.

Scrooge lit par-dessus son épaule. C'est un article du *Los Angeles Times* dont le titre est : « Si la croissance se poursuit, prédit une équipe du MIT, l'économie mondiale s'effondrera d'ici 2042 ». Il y est question d'une étude s'étendant sur treize mois commandée par le Club de Rome et menée par une équipe de scientifiques du Massachusetts Institute of Technology. « À moins que la croissance économique ne cesse bientôt, commence l'article, l'économie mondiale s'effondrera d'ici soixante-dix ans, et la peste, la pauvreté et la famine se généraliseront. L'idée que la croissance de la population et de la production industrielle ne pourra pas se poursuivre indéfiniment, les terres et les ressources naturelles de la planète étant limitées, n'est guère nouvelle. Elle remonte au moins à Platon. » L'auteur conclut ainsi : « Nos enfants risquent de toucher ces limites matérielles de leur vivant. L'étude porte sur cinq variables principales : les réserves mondiales de ressources non renouvelables (métal, roche, énergie), la démographie, la pollution, la production industrielle par habitant et la production alimentaire par habitant. »

— Ils étaient au courant ! rugit Scrooge. En 1972 déjà, ils étaient au courant ! Pourquoi n'avoir rien fait alors qu'il était encore temps ?

Aveuglé par la colère, il saisit l'esprit par son t-shirt en chanvre et commence à le secouer. Mais l'horloge sonne le premier coup de minuit et le spectre s'évanouit entre ses mains.

Il se métamorphose en une créature sèche et couverte d'écailles. Un cafard géant.

— Je suis l'esprit du Jour de la Terre futur, dit-il d'une voix râpeuse.

Scrooge a un mouvement de recul. Il a horreur des bestioles.

— Vous ne pourriez pas prendre l'aspect d'un être humain ? demande-t-il.

— Tout dépend de l'avenir que vous souhaitez voir, répond le cancrelat. À moyen terme, l'humanité disparaîtra. Vous ne voudriez tout de même pas que je prenne la forme d'une créature qui n'existe plus ?

— Et si on s'éloignait un peu moins du présent ?

— Comme vous voulez, dit le cafard.

Il tremble, se désagrège et se matérialise de nouveau : Scrooge a affaire à un homme au regard dur de trente-cinq ans. Il porte un complet sombre, une boucle d'oreille en or et une mallette.

— Voilà, dit l'homme. Je suis négociant en avenirs. Pour vous servir. Lequel de vos avenirs désirez-vous voir ?

— J'en ai plus d'un ? s'étonne Scrooge.

— Dans mon domaine, tout est affaire de probabilités. Les possibilités sont illimitées, comme l'ont montré les auteurs de science-fiction. Dans l'un de vos avenirs, par exemple, vous bénéficiez d'un traitement génique de pointe et vous vivez jusqu'à cent cinquante ans ; dans un autre, vous vous faites frapper par un autobus la semaine prochaine.

— Je ne tiens pas à voir celui-là, s'empresse de dire Scrooge.

— Ce n'est pas une éventualité si terrible. Selon ce scénario, vous choisissez un enterrement naturel et vous vous réincarnez en arbre. Mais je comprends votre réaction. Alors, que voulez-vous entendre en premier ? La bonne ou la mauvaise nouvelle ?

— La bonne, répond Scrooge, qui est d'un optimisme inébranlable à son propre sujet (et d'une misanthropie absolue vis-à-vis de tous les autres).

L'esprit agite sa mallette et Scrooge se retrouve au milieu d'une ville de taille moyenne, gaie et grouillante d'activité. Les citoyens portent des vêtements en fibres naturelles, roulent à vélo ou à bord de véhicules à air comprimé et utilisent de l'énergie produite par des machines marémotrices et des appareils solaires installés sur les toits et les murs des immeubles. Ils ont renoncé aux aliments vides et mangent beaucoup de fruits et de légumes issus de fermes biologiques voisines ou de jardins aménagés à même les anciennes pelouses, dont la couche arable a été rendue à sa richesse d'antan grâce à un programme de déchiquetage et de compostage, lequel (et le détail a son importance) a aussi contribué à réduire les émissions de dioxyde de carbone dans l'atmosphère. Il n'y a plus d'obésité. Pendant les migrations d'oiseaux, on éteint toutes les lumières des gratte-ciel, mesure qui épargne des millions d'oiseaux chaque année. Le néfaste raclage des fonds marins ne fait plus partie des méthodes de pêche. Les voyages aériens s'effectuent à bord de dirigeables gonflés à l'hélium et les voyages maritimes sur des voiliers dont le gréement fonctionne à l'énergie solaire. On a banni les sacs en plastique.

Les dirigeants religieux ont compris que la préservation de la Terre que le Tout-Puissant nous a léguée en partage fait partie de leur mandat et ils ferment les yeux sur les pratiques anticonceptionnelles. Il n'y a plus de souffleuses à feuilles à essence ni de ces tondeuses à essence bruyantes et polluantes. On a réglé le problème du réchauffement climatique à l'occasion d'un sommet au cours duquel les chefs d'État ont évité la paranoïa, l'envie, les rivalités, les luttes de pouvoir, la cupidité et les débats entourant la question de savoir à qui revient la responsabilité de limiter le premier son empreinte carbone ; après, ils ont retroussé leurs manches et se sont mis au travail.

Scrooge lui-même est là. L'air très en forme dans un costume de chanvre, il signe des chèques et donne des sommes colossales à des organismes de conservation : surveillance des forêts pluviales, parcs sous-marins, habitats des oiseaux.

— Dans cet avenir-là, explique l'esprit, les albatros ont été sauvés de l'extinction. En grande partie — je m'empresse de l'ajouter — grâce à vos efforts individuels. Je précise qu'une bonne part de ces changements miraculeux est attribuable à une campagne de bons de la Victoire. Les citoyens ont prêté de l'argent à leurs gouvernements pour les aider à financer des projets de remise en état de l'environnement. On a aussi misé sur des mesures microéconomiques, comme celles qu'applique déjà la banque Grameen du Pakistan : à des taux d'intérêt équitables, on prête des sommes minimes à des gens très pauvres pour les aider à créer de petites entreprises locales. Et les pays riches, à l'exemple des anciens Israélites qui, tous les cinquante ans, déclaraient une année du jubilé au cours de laquelle toutes les créances étaient pardonnées, ont volontairement participé à une campagne massive d'annulation des dettes.

— Cet avenir est-il probable ? demande Scrooge.

— Pas tellement, concède l'esprit. Pour le moment, du moins. À votre époque, bien des gens se battent pour en faire une réalité. Hélas, ils sont beaucoup plus nombreux à mettre les bâtons dans les roues à ceux qui tentent de nettoyer le gâchis mondial, lequel coûte des billions de dollars chaque année. Pourquoi ? Parce que le statu quo leur rapporte beaucoup trop. Et maintenant, passons à la mauvaise nouvelle.

L'esprit agite de nouveau sa mallette.

Au début, Scrooge a du mal à reconnaître son futur moi. Hâve et affolé, il pousse une brouette remplie d'argent comptant et tente d'échanger ce magot contre une boîte de pâtée pour chiens, mais en vain.

— Esprit ! s'exclame-t-il. Que se passe-t-il ? C'est effrayant.

— Vous êtes témoin d'un épisode d'hyperinflation, répond l'esprit. Depuis que l'argent existe, on en a vu de multiples exemples. Lorsque les gens perdent confiance dans la valeur d'une devise, il faut de plus en plus d'argent pour se procurer quoi que ce soit. Et ceux qui possèdent des objets ayant une utilité et une valeur réelles — comme de la nourriture ou du carburant — ne souhaitent pas s'en départir, car ils savent que l'argent qu'on leur versera en contrepartie vaudra beaucoup moins le lendemain. Dans les faits, l'argent fond tout simplement, comme le mirage qu'il a toujours été. Après tout, il s'agit d'un symbole inventé par l'homme : il existe à condition seulement qu'on reconnaisse sa valeur. Et s'il est impossible de s'en servir pour acheter les objets qu'il est réputé symboliser, il ne vaut plus rien.

— Mais je vais crever de faim ! s'écrie Scrooge.

— Probablement, déclare l'esprit. Quand il n'y a rien à acheter, la richesse au sens conventionnel n'est d'aucun secours. Le roi Midas voulait que tous les objets qu'il touche se transforment en or. Son vœu a été exaucé, mais il est mort de faim : la nourriture se changeait en or, elle aussi. Dans un monde où tout a été converti en argent, il n'y a plus rien à manger. Voyons maintenant à quoi ressemble la situation vue du ciel.

Ce que Scrooge voit en survolant la ville ressemble à s'y méprendre à ce qu'il a observé dans l'Europe frappée par la peste noire : le chaos, la mort et la désintégration de l'ordre civil. Dans les rues, les cinq ex-femmes de Scrooge, certaines avec un succès mitigé, offrent leur corps en échange de boîtes de sardines. Malgré leur silhouette émaciée de mannequin, idéal de beauté auquel elles sont parvenues sans effort, elles ne semblent pas au sommet de leur forme. L'esprit montre trois personnes en train de se disputer la carcasse d'un chat, qu'elles ont la ferme intention de manger. Le moi futur de Scrooge est du nombre. D'ailleurs, il est si faible que la proie lui échappe. Les deux autres le rouent de coups, l'abandonnent sur le trottoir et s'enfuient avec leur butin.

— C'est terrible, gémit Scrooge. Ça suffit, esprit !

— « Les moulins des dieux moulent lentement, mais ils moulent très finement », déclare l'esprit. L'humanité a conclu un pacte faustien le jour où elle a mis au point ses premières technologies, y compris l'arc et les flèches. Au lieu de limiter leur fécondité, compte tenu des ressources naturelles disponibles, les êtres humains ont alors décidé de se multiplier de façon effrénée. Pour soutenir cette croissance démographique, ils ont accru la production alimentaire en manipulant les ressources et en concevant des technologies toujours plus complexes. Nous disposons aujourd'hui du système de bidules le plus compliqué de tous les temps. Notre technologie est le moulin qui produit tout ce que notre cœur désire, mais personne ne sait comment l'arrêter. Si on parvenait, grâce à la technologie, à une exploitation totalement efficace de la Nature, l'ultime conséquence serait un désert inanimé : le capital naturel, dévoré par les moulins, serait épuisé, et la dette contractée envers la Nature serait infinie. Mais bien avant ce jour, l'humanité devra passer à la caisse.

Scrooge est terrifié, mais, en même temps, il se livre à des calculs rapides. Si le bon avenir est le vrai, il investira dans des énergies de substitution et des usines de dessalement, et il amassera une petite fortune. Si, en revanche, c'est le mauvais avenir qui se réalise, il doit faire main basse sur l'industrie de la nourriture pour chiens et se faire construire un bunker, d'où il contrôlera le monde ou ce qu'il en reste.

— Quand les hommes s'engagent dans quelques résolutions, elles leur annoncent certain but qui peut être inévitable, s'ils persévèrent dans leur voie, dit Scrooge, citant son illustre ancêtre. Mais s'ils la quittent, le but change ; en est-il de même des tableaux que vous faites passer sous mes yeux ?

— Je suis dans le domaine de l'avenir, dit l'esprit du Jour de la Terre futur. Tout ce que je peux vous répondre, c'est : « Peut-être. »

Scrooge saisit le bras de l'esprit, qui se rétrécit, se désagrège et se transforme en colonne de lit. Son lit !

« Quel horrible cauchemar, se dit Scrooge. Jusqu'ici, cependant, ce n'était qu'un rêve. Je vivrai dans le passé, le présent et l'avenir. Les esprits des Jours de la Terre ne me quitteront plus. J'ai encore le temps de m'amender ! »

En dehors de la fiction, là où vous et moi « existons », au contraire de Scrooge, nous avons examiné la dette sous divers angles. Au même titre que nos mécanismes financiers, que nos règles de conduite morales et, en réalité, que le langage lui-même, les idées que nous nous faisons de la dette s'inscrivent dans la construction imaginaire complexe qu'est la société humaine. Ce qui s'applique à chacune de ces constructions humaines s'applique aussi à la dette, dans ses multiples incarnations : comme il s'agit d'une construction mentale, il suffit de la « penser » autrement pour changer son fonctionnement.

Peut-être le moment est-il justement venu de la voir autrement, cette dette. Peut-être le moment est-il venu de compter, d'additionner et de mesurer autrement. En fait, peut-être le moment est-il venu de compter, de peser et de mesurer autre chose. D'établir le coût réel de notre mode de vie et des ressources naturelles que nous ôtons à la biosphère. Cela arrivera-t-il un jour ? À l'instar de l'esprit du Jour de la Terre futur, je ne peux que répondre : « Peut-être. »

Scrooge sort du lit et se dirige vers la fenêtre. Le monde est là. Avec les arbres, le ciel et le reste, il est très beau. Autrefois, il avait l'air solide ; à présent, il semble fragile, tel un reflet sur l'eau. Il suffirait d'un souffle de vent pour que la surface se ride et l'efface.

Je ne possède rien en propre, se dit Scrooge. Même pas mon corps. Tout ce que j'ai, je l'ai emprunté. Je ne suis pas vraiment riche. En fait, je suis lourdement endetté. Comment rembourser même une infime partie de ce que je dois ? Par où commencer ?

Notes

Comme il s'agit ici de conférences, j'ai écrit le présent livre en fonction d'auditeurs plutôt que de lecteurs.

UN ● BALANCES ANCIENNES

Je dédie ce chapitre au Musée royal de l'Ontario, à Toronto, où, quand j'avais neuf ans, est né mon intérêt pour les sarcophages égyptiens, à mon père, C. E. Atwood, qui m'a fait découvrir *Les Bébés d'eau,* et à tous les enfants — maîtres sévères qui m'ont initiée aux rouages du donnant-donnant — que j'ai gardés chez eux ou supervisés dans des colonies de vacances.

À propos des Seton, père et fils, voir Magdalene Redekop, *Ernest Thompson Seton,* Toronto, Fitzhenry & Whiteside, 1979.

À propos de la petite souris et des banques : en fait, il est vrai que les banques rendent l'âme lorsqu'on cesse de croire en elles.

Les statistiques sur l'endettement proviennent de *CBC Marketplace* : « Debt Nation ».

L'amie qui m'a écrit la lettre sur les hypothèques est Valerie Martin ; je la remercie de m'avoir autorisée à m'en servir.

L'Église unie est l'Église unie du Canada, fruit de l'union entre les méthodistes et certains presbytériens.

J'ai trouvé le commentaire de Frans de Waal sur la nature de la culture dans un article du magazine *Harper's* de juin 2008, signé par Frank Bures et intitulé « A Mind Dismembered: In Search of the Magical Penis Thieves ». Pour la version française du passage cité : Frans de Waal, *Quand les singes prennent le thé. De la culture animale,* traduit de l'anglais (États-Unis) par Jean-Paul Mourlon, Paris, Fayard, « Le temps des sciences », 2001, p. 13.

Je remercie mon frère, le neurophysiologiste Harold L. Atwood, de m'avoir envoyé divers articles sur l'épigénétique.

Il existe de nombreuses variantes du jeu enfantin que je décris. Dans l'une d'elles, la Coccinelle doit être d'une couleur précise. Je laisse aux spécialistes le soin de débattre des multiples règlements.

À propos des transactions chez les primates, voir Frans de Waal et S. F. Brosnan, « Monkeys Reject Unequal Pay », *Nature,* 2003, p. 425.

Daniel Fisher, « Selling the Blue Sky », *Forbes.com,* 10 mars 2008. www.forbes.com/business/global/2008/0310/070.html

Daniel Fisher, « Primate Economics », *Forbes.com,* 11 février 2006. www.forbes.com/2006/02/11/monkey-economics-money_cz_df_money06 _0214monkeys.html

James Surowiecki, « The Coup de Grasso », *The New Yorker,* 6 octobre 2003. www.newyorker.com/archive/2003/10/06/031006ta_talk_suro wiecki

Voir aussi Robert Wright, *L'Animal moral. Psychologie évolutionniste et vie quotidienne,* traduit de l'anglais (États-Unis) par Anne Béraud-Butcher, Paris, Éditions Michalon, 1995, p. 197.

Il y a sans doute d'autres explications au fait que les jumelles de Charles Kingsley soient du sexe féminin ; à ce propos, voir mes préfaces de *She* de Rider Haggard, New American Library, et de *The Island of Doctor Moreau* de H. G. Wells, Penguin, de même que ma thèse inachevée sur les personnages féminins surnaturels de la période victorienne, qui se trouve quelque part dans la Fisher Library de l'Université de Toronto.

On a beaucoup écrit sur la relation entre Kingsley et Darwin. Voir surtout la fable sur l'évolution inversée qui figure dans le roman, où les humains régressent jusqu'au stade primitif en s'allongeant sous les arbres à balivernes et en avalant les balivernes sans efforts.

Le récit de Lazare et de l'homme riche se trouve dans Luc 16:19-31.

À propos des singes geladas, voir Virginia Morell, « Kings of the Hill », *NationalGeographic.com*, National Geographic Society, novembre 2002. http://ngm.nationalgeographic.com/ngm/0211/feature4/

La traduction française des passages cités des *Euménides* est de Leconte de Lisle. On la trouve dans Wikisource.

À propos des déesses et des dieux anciens, voir notamment « Thoth, the Great God of Science and Writing », *Mystae.com.* www.mystae.com/restricted/streams/scripts/thoth.html

Richard Hooker, « Ma'at: Goddess of Truth; Truth and Order », *World Civilizations,* Washington State University, 1996. http://www.wsu.edu/~dee/egypt/maat.htm

Anthony Roe, « Maintaining the Balance: Concepts of Cosmic Law, Order, and Justice », *White Dragon,* 1998. www.whitedragon.org.uk/articles/cosmic.htm

Barbara Swatt, « Themis, God of Justice », *Marian Gould Gallagher Law Library,* University of Washington School of Law, mis à jour le 31 octobre 2007. http://lib.law.washington.edu/ref/themis.html

DEUX • LA DETTE ET LE PÉCHÉ

Je dédie ce chapitre à Aileen Christianson de l'Écosse, à Valerie Martin des États-Unis et à Alice Munro du Canada, toutes spécialistes de la dette et du péché. Et aussi à ma mère, Margaret K. Atwood, et à ma tante, Joyce Barkhouse, pour leurs points de vue éclairants sur l'art de vivre selon ses moyens.

C'est Judith Timson qui a dit « L'endettement a remplacé l'obésité comme mal des temps modernes », dans une conversation avec moi.

L'Église anglicane du Canada ressemble beaucoup à l'Église anglicane d'Angleterre et un peu à l'Église épiscopalienne des États-Unis.

Joyce Barkhouse croit que la plume que mon père a mise en gage était un cadeau que lui a fait sa mère au moment de l'obtention de son diplôme. Cela soulève une autre question : comment a-t-elle pu la lui offrir, elle qui n'avait pas un sou vaillant non plus ? Elle a sûrement économisé pendant longtemps.

L'idée du « rachat » (*redeem* en anglais) est omniprésente dans la cérémonie juive du Seder. On s'en sert pour décrire la libération des Israélites, esclaves en Égypte. Je remercie Rosalie et Irving Abella pour le
tuyau et pour l'expérience d'une cérémonie du Seder que je n'oublierai
jamais.

L'idée du rachat d'un ânon par un mouton se trouve dans l'Exode 34:20.
L'histoire de la fille de Jephté figure dans Le Livre des Rois I. Que le pre-
mier-né revienne à Dieu se trouve dans l'Exode 22:29. Pour la citation
selon laquelle « L'impie emprunte et ne rend pas », voir Les
Psaumes 37:21. L'histoire d'Élie et des prêtres de Baal figure dans Le
Livre des Rois I.

Le sermon sur la dette se trouve dans Jennie C. Olbrych, « Outragéous
Forgiveness », *St. James Santee Episcopal Church Blog*, le 23 septembre 2004. http://stjamessantee.blogspot.com/2004_09_01_archive.
html

Autres ouvrages cités

James Hogg, *Confession du pécheur justifié*, traduit de l'anglais par
Dominique Aury, avant-propos d'André Gide, Paris, Gallimard,
« L'Imaginaire », 1952, p. 159.

Lewis Hyde, *The Gift: How the Creative Spirit Transforms the World*,
1983, Édimbourg, Canongate, 2007, p. 41.

Jane Jacobs, *Systèmes de survie. Dialogue sur les fondements moraux du
commerce et de la politique*, traduit de l'anglais par Christiane Teasdale,
Montréal, Boréal, 1995.

Sam Leith, « Blair Believes He Can Do No Wrong: Ask the Antinomians », *Telegraph*, le 25 mars 2006.

www.telegraph.co.uk/opinion/main.jhtml?xml=/opinion/2006/03/25/
do2504.xml

Gerda Lerner, *The Creation of Patriarchy*, épreuves non corrigées, New
York, Oxford University Press, 1986, p. 77, 84.

John Milton, *Paradis perdu*, traduit par Jacques Delille, nouvelle édition
revue et corrigée, t. I, Paris, L. G. Michaud, libraire, 1820. http://books.
google.ca

John Milton, « Samson Agonistes », *John Milton: Selections*, Stephen Orgel et Jonathan Goldberg (dir.), Oxford, Oxford University Press, 1991.

George Orwell, *1984*, traduit de l'anglais par Amélie Audiberti, Paris, Gallimard, coll. « Folio », 1950, p. 402.

Patrick Tierney, *L'Autel le plus haut. Le sacrifice humain de l'Antiquité à nos jours*, traduit de l'anglais (États-Unis) par Bernard Seytre, Paris, Robert Laffont, 1991, p. 261.

Mary Webb, *Sarn*, traduit de l'anglais par J. de Lacretelle et M. T. Guérite, Paris, Bernard Grasset, coll. « Le Livre de Poche », 1930, p. 34-35.

Émile Zola, *Germinal*, Paris, Fasquelle, coll. « Le Livre de Poche », 1969.

TROIS • LA DETTE COMME RÉCIT

Je dédie ce chapitre à Mlle Bessie B. Billings et à Mlle Florence Smedley, mes professeurs d'anglais à l'école secondaire Leaside de Toronto, où j'ai lu *Le Moulin sur la Floss* pour la première fois, au Dr Jay Macpherson du Victoria College de l'Université de Toronto, qui a fait du roman victorien un objet débordant de splendeur et d'intrigue, au Dr Jerome H. Buckley du département d'anglais de Harvard, qui a fait quelques très dramatiques lectures de Dickens, et aussi à la bibliothèque Deer Park de Toronto, où, à la fin des années 1940, j'ai emprunté tous les livres de contes de fées d'Andrew Lang que j'ai pu.

Liste des livres utilisés ou cités dans ce chapitre

Eric Berne, *Des jeux et des hommes. Psychologie des relations humaines*, traduit de l'anglais (États-Unis) par Léo Dilé, Paris, Stock, 1988, p. 75-85.

John Bunyan, *Le Voyage du pèlerin*, texte revu par Mme Decorvet, Paris, Éditions Qui je crois, La Croisade du livre chrétien, 1982, p. 133-134.

Charles Dickens, « Un chant de Noël », dans *Contes de Noël*, traduit de l'anglais par P. Lorain, Paris, Hachette, « Grands Écrivains », 1984, p. 9, 25, 98, 102, 105, 122.

George Eliot, *Le Moulin sur la Floss*, texte présenté, traduit et annoté par

Alain Jumeau, Paris, Gallimard, coll. « Folio », 2003, p. 344, 345, 363, 364, 481, 482.

Thomas Hardy, « The Ruined Maid », *Complete Poems*, James Gobson (dir.), New York, Palgrave, 2001.

Washington Irving, « Le diable et Tom Walker », *L'Île fantôme*, traduit de l'anglais par Robert Benayoun, couverture de Max Ernst, Paris, Robert Marin, coll. « L'envers du miroir », 1951, p. 108, 118, 119.

Andrew Lang, *The Blue Fairy Book*, New York, Dover, 1965.

Christopher Marlowe, *Le Docteur Faust*, présentation, notes et chronologie par François Laroque, traduction de François Laroque et Jean-Pierre Villquin, Paris, GF Flammarion, 1997, p. 73.

W. M. Thackeray, *La Foire aux vanités*, roman anglais traduit avec l'autorisation de l'auteur par Georges Guiffrey, tome second, Paris, Librairie de L. Hachette et Cie, 1864, p. 59. http://books.google.ca

Geoffrey Chaucer, *Les Contes de Canterbury*, présentation et traduction nouvelle d'Alain Crépin, postface de G. K. Chesterton, Paris, Gallimard, « Folio », 2000, p. 141.

Le texte français du passage de Freud est tiré de *Délire et Rêves dans la « Gradiva » de Jensen*, traduit de l'allemand par Marie Bonaparte et précédé du texte de Jensen traduit par E. Zak et G. Sadoul, Paris, Gallimard, « Idées », 1949, p. 127.

J'ai lu les contes des frères Grimm quand j'étais toute jeune et je ne les ai jamais oubliés.

C'est Valerie Martin qui a attiré mon attention sur le jeu des « Gages touchés ».

À propos de l'idée de « rachat » : se racheter, c'est aussi se renommer — ou se redéfinir soi-même —, d'où une possible levée de la malédiction.

Je me rappelais bien le texte du « Miller of Dee », mais j'ai consulté les textes disponibles pour vérifier l'exactitude de mes souvenirs.

QUATRE ● LA FACE CACHÉE

Je dédie ce chapitre à Edgar Allan Poe, dont la nouvelle intitulée « La Barrique d'amontillado » m'a terrorisée quand j'étais enfant et m'a incitée à me poser une question essentielle : quand s'est-on assez vengé ? Je le dédie aussi à Alberto Manguel, qui m'a un jour dit : « Les Canadiens n'ont pas d'histoires de vengeance », ce qui m'a décidée à en écrire une, qui a pour titre « Un cadeau empoisonné », du recueil *Mort en lisière* (traduction de *Wilderness Tips*) ; à Elmore Leonard, charmant explorateur des bas-fonds ; et à Larry Gaynor, qui connaît les ombres qui se terrent dans le cœur des hommes et le cœur qui se terre dans les ombres des femmes.

Autre vengeance possible dans la vraie vie : les crevettes congelées dans les tringles de rideau. Faciles à sentir, elles sont difficiles à trouver.

Autres ouvrages cités

James Buchan, *Frozen Desire: The Meaning of Money,* New York, Welcome Rain, 2001.

Charles Dickens, *Le Conte des deux villes,* traduit de l'anglais par Corine Derblum, Paris, Éditions du Rocher, 1989, p. 195.

Charles Dickens, *David Copperfield,* traduction sous la direction de P. Lorain, revue et annotée par Jean-Pierre Naugrette et Laurent Bury, préface de Jean-Pierre Naugrette, Paris, Librairie Générale Française, coll. « Le Livre de Poche », 2001, p. 233.

Samuel Johnson, *Essays from the Rambler, Adventurer, and Idler,* W. J. Bate (dir.), New Haven, Yale University Press, 1968.

Elmore Leonard, *Zig-zag Movie,* traduit de l'anglais (États-Unis) par Michel Lebrun, Paris, Rivages, « Thriller », 1992, p. 11 et 40.

Nicolas Machiavel, *Le Prince,* traduit de l'italien par Jean-Vincent Périès (1825), préface de Denys Arcand, Montréal, Boréal, coll. « Boréal compact », 1995.

William Shakespeare, *Le Marchand de Venise,* texte français de Jean-Michel Deprats, Paris, Sand, coll. « Comédie française », 1987, p. 65, 98, 105.

CINQ ● VENGEANCE

Il y a de si nombreuses personnes et organisations auxquelles j'aurais pu dédier ce chapitre que j'ai eu du mal à choisir. Je retiendrai donc ceux qui m'ont initiée à la vie traditionnelle dans l'Arctique — Aaju Peter, Berna-dette Dean et John Houston — et aussi Matthew Swan d'Adventure Canada, qui a rendu ces rencontres possibles. Sans oublier Graeme Gib-son, dont les travaux sur les prédateurs, les proies et leurs environne-ments ont recoupé les miens.

Pour l'exploit de Belschatsar (Balthazar), voir Daniel 5. Pour la citation en français, voir la version de Louis Segond.

Le célèbre « pour qui sonne le glas » de John Donne est tiré de la Médi-tation XVII.

Je postule que le Scrooge Nouveau a hérité de sa fortune par l'intermé-diaire du joyeux neveu de Scrooge, Fred, fils de sa sœur morte, Fan — la plus proche parente de Scrooge. Le Scrooge Lite a légué une bonne part de sa fortune à des œuvres de bienfaisance, mais Fred a hérité de l'entre-prise et pris le nom de Scrooge pour le conserver dans celui de l'entre-prise familiale.

Le PDG du Scrooge Nouveau, Bob Cratchit, descend du Bob Cratchit original par l'intermédiaire de Tiny Tim. Peu porté sur les sports, Tim s'est passionné pour les livres et est devenu proto-ringard ; le Scrooge Lite a payé ses études. Le nouveau Bob, cependant, est pour l'essentiel dépourvu des qualités de l'ancien.

À propos de l'idée qu'il faille « nourrir la terre », voir le livre de Patrick Tierney déjà cité.

On a beaucoup écrit sur Solon et ses réformes liées à la dette. Voir par exemple *Les Bâtards de Voltaire. La dictature de la raison en Occident* de John Ralston Saul, traduit de l'anglais par Sabine Boulongne, Paris, Payot, coll. « Petite Bibliothèque Payot », 2000.

De nombreux ouvrages sont consacrés à la peste noire. Voir par exemple Christopher Duncan et Susan Scott, *Return of the Black Death: The World's Greatest Serial Killer*, Chichester, Wiley, 2004. Et aussi John Kelly, *The Great Mortality: An Intimate History of the Black Death, the Most Devastating Plague of All Time*, Toronto, HarperCollins, 2005.

La citation de Blake est tirée du poème « L'abstraction humaine ». La traduction française est tirée de l'*Anthologie bilingue de la poésie anglaise*, préface de Bernard Brugière, édition établie par Paul Bensimon, Bernard Brugière, François Piquet et Michel Rémy, Paris, Bibliothèque de la

Pléiade, Gallimard, 2005, p. 657. La traduction est de P. Leyris et de J. Blondel.

La femme de soixante-trois ans qui a glissé la coupure de journal dans la malle était ma mère. Elle avait lu l'article dans le *Toronto Star*, qui reprenait un texte du *Los Angeles Times*. C'est moi qui, beaucoup plus tard — en 2008 —, ai trouvé la coupure et en ai lu le texte.

À propos du café choisi par l'esprit du Jour de la Terre présent, voir Bridget Stutchbury, *The Silence of the Songbirds*, Toronto, HarperCollins Canada, 2007.

On dispose d'une abondante documentation sur la destruction des océans. Voir par exemple Deborah Jones, « In a Few Decades, There Will Be No Fish », *The Globe and Mail*, le 29 octobre 2005, p. S1.

À propos des poissons à choisir, voir www.seafoodwatch.org. Pour donner un coup de main, www.Oceana.org

La statistique sur la production d'oxygène des arbres est tirée de www.torontoparksandtrees.org

À propos des effets bénéfiques des sols biologiques sur le dioxyde de carbone, voir Malcolm Beck, *The Secret Life of Compost*, Metairie, Louisiane, Acres, 1997. Voir aussi www.FarmForward.com

À propos des oiseaux tués par des immeubles éclairés et de ce que vous pouvez faire, voir par exemple FLAP à www.flap.org. De nombreux autres organismes s'occupent de cette question et des interactions entre oiseaux et parcs d'éoliennes. Si vous êtes fonctionnaire municipal ou que vous occupez des bureaux dans un gratte-ciel, pourquoi ne pas éteindre les lumières, réduire les émissions de carbone et, ce faisant, éviter d'assassiner des oiseaux migrateurs ? Est-ce donc si difficile ?

Pour contribuer à sauver les albatros de l'extinction, vous pouvez consulter le site Web de BirdLife International à www.birdlife.org, repérer l'organisme partenaire de votre pays et lui apporter votre soutien.

Pour aider à sauver les oiseaux chanteurs migratoires, voir le site Web de BirdLife International à www.birdlife.org, mais aussi l'American Bird Conservancy à www.abcbirds.org

La banque Grameen n'est qu'un exemple de microfinancement parmi d'autres.

À propos d'épisodes d'hyperinflation, voir par exemple James Buchan, *Frozen Desire: The Meaning of Money*, New York, Welcome Rain, 2001.

À propos des effets inexorablement destructeurs de certaines technologies, voir Friedrich Georg Jünger, *The Failure of Technology: Perfection without Purpose*, Hinsdale, Illinois, Henry Regnery, 1949.

L'avenir sombre de Scrooge risque de l'être encore plus. Pour un prophète du point de bascule, voir James Lovelock, *La Revanche de Gaïa. Préserver la planète avant qu'elle nous détruise*, préface de Crispin Tickell, traduction de Thierry Piélat, J'ai lu, coll. « J'ai lu Essai », 2008.

Pour des exemples d'attitudes plus anciennes et plus respectueuses vis-à-vis des animaux, lire avec attention l'histoire de Noé, étudier la vie de Bouddha, s'intéresser à l'hindouisme et au végétarisme, et voir la charmante fable musulmane intitulée *The Animals' Lawsuit against Humanity* de même que les textes sacrés interdisant de maltraiter les animaux qui figurent dans le Coran. Je remercie M. Tazim Kassan de l'université de Syracuse (New York) d'avoir porté ces textes à mon attention.

Des tablettes de chocolat biologique, équitable et produit à l'ombre (le seul qui soit sans danger pour les oiseaux) comptent parmi les biocarburants qui ont maintenu l'auteur devant son écran.

L'énergie électrique carboneutre a été fournie par Bullfrog Power à www.bullfrogpower.com

Il convient de souligner qu'une proportion ridicule de 1,5 % des dons faits à des œuvres de bienfaisance est destinée à la Nature non humaine, exception faite des animaux de compagnie. Tendance que vous pouvez contribuer à renverser.

Une somme correspondant au profit net tiré par l'auteur de son à-valoir pour le Canada a été versée à BirdLife International par le truchement de son partenaire, Nature Canada.

James Fenimore Cooper, *Les Pionniers*, traduit de l'anglais par A. J. B. Defauconpret, Paris, Union générale d'Éditions, coll. « 10/18 », 1994, p. 271 et 297.

Christopher Marlowe, *op. cit.*, p. 247 et 253.

Charles Dickens, « Un chant de Noël », *op. cit.*, p. 116.

Bibliographie

« The Animals' Lawsuit against Humanity », *Fons Vitae Book Catalogue*, 2008. Fons Vitae. www.fonsvitae.com/animalslawsuit.html

Beck, Malcolm, *The Secret Life of Compost*, Metairie, Louisiane, Acres, 1997.

Beckett, Samuel, *En attendant Godot*, Paris, Éditions de Minuit, 1952.

Berne, Eric, *Des jeux et des hommes. Psychologie des relations humaines*, traduit de l'anglais (États-Unis) par Léo Dilé, Paris, Stock, 1988.

Blake, William, « Jerusalem » et « The Human Abstract », *Selected Poetry and Prose*, Northrop Frye (dir.), New York, Random House, 1953.

Buchan, James, *Frozen Desire: The Meaning of Money*, New York, Welcome Rain, 2001.

Bunyan, John, *Le Voyage du pèlerin*, texte revu par Mme Decorvet, Paris, Éditions Qui je crois, La Croisade du livre chrétien, 1982.

Burns, Robert, « The Deil's Awa' wi' the Exciseman », *Poems, Songs, and Letters: The Complete Works of Robert Burns*, Alexander Smith (dir.), Londres, Macmillan, 1932.

Chapman, Sasha, « Wanted : Organic Farmers to Fill Toronto's Markets », *Globe and Mail*, le 24 mai 2008, p. M5.

Chaucer, Geoffrey, *Les Contes de Canterbury*, présentation et traduction nouvelle d'Alain Crépin, postface de G. K. Chesterton, Paris, Gallimard, coll. « Folio », 2000.

Cooper, James Fenimore, *Les Pionniers*, traduit de l'anglais par A. J. B. Defauconpret, Paris, Union générale d'Éditions, « 10/18 », 1994.

De Waal, Frans, *Quand les singes prennent le thé. De la culture animale*, traduit de l'anglais (États-Unis) par Jean-Paul Mourlon, Paris, Fayard, « Le temps des sciences », 2001.

De Waal, Frans, et S. F. Brosnan, « Monkeys Reject Unequal Pay », *Nature*, 2003, vol. 425.

Dickens, Charles, « Un chant de Noël », dans *Contes de Noël*, traduit de l'anglais par P. Lorain, Paris, Hachette, « Grands Écrivains », 1984.

—, *David Copperfield*, traduction sous la direction de P. Lorain, revue et annotée par Jean-Pierre Naugrette et Laurent Bury, préface de Jean-Pierre Naugrette, Paris, Librairie Générale Française, « Le Livre de Poche », 2001.

—, *Le Conte des deux villes*, traduit de l'anglais par Corine Derblum, Paris, Éditions du Rocher, 1989.

Duncan, Christopher, et Susan Scott, *Return of the Black Death: The World's Greatest Serial Killer*, Chichester, Wiley, 2004.

Eliot, George, *Le Moulin sur la Floss*, texte présenté, traduit et annoté par Alain Jumeau, Paris, Gallimard, coll. « Folio », 2003.

« The Figure of Saint Michael Archangel », *Saint Michael the Shrine on the Gargano*, 1998-1999. http://www.gargano.it/sanmichele/english/santo1_en.htm

Fisher, Daniel, « Primate Economics », *Forbes.com*, le 11 février 2006. www.forbes.com/2006/02/11/monkey-economics-money_cz_df_money06_0214monkeys.html

—, « Selling the Blue Sky », *Forbes.com*, le 10 mars 2008. www.forbes.com/business/global/2008/0310/070.html

Freud, Sigmund, *Délire et Rêves dans la « Gradiva » de Jensen*, traduit de l'allemand par Marie Bonaparte et précédé du texte de Jensen traduit par E. Zak et G. Sadoul, Paris, Gallimard, « Idées », 1949.

—, *The Standard Edition of the Complete Psychological Works of Sigmund Freud*, James Strachey (dir.), 24 vol., Londres, Vintage, 2001.

Goodman, Amy, « Ticker Tape Ain't Spaghetti », le 30 avril 2008, *Truthdig*. www.truthdig.com/report/item/20080430_ticker_tape_aint_spaghetti/

« Grameen Bank », *Grameen Bank*, Grameen Communications, 1998. www.grameen-info.org

Grene, David, et Richmond Lattimore (dir.), *The Complete Greek Tragedies*, vol. 1, Chicago, University of Chicago Press, 1960.

Hardy, Thomas, « The Ruined Maid », *Complete Poems*, James Gibson (dir.), New York, Palgrave, 2001.

Hogg, James, *Confession du pécheur justifié*, traduit de l'anglais par

Dominique Aury, avant-propos d'André Gide, Paris, Gallimard, « L'Imaginaire », 1952.

Hooker, Richard, « Ma'at: Goddess of Truth; Truth and Order », *World Civilizations*, Washington State University, 1996. www.wsu.edu: 8080/~dee/egypt/maat.htm

Hurdle, John, « Where Industry Once Hummed, Urban Garden Finds Success », *New York Times*, le 20 mai 2008.

Hyde, Lewis, *The Gift: How the Creative Spirit Transforms the World*, Édimbourg, Canongate, 2007.

Irving, Washington, « Le diable et Tom Walker », *L'Île fantôme*, traduit de l'anglais par Robert Benayoun, couverture de Max Ernst, Paris, Robert Marin, « L'envers du miroir », 1951.

Jacobs, Jane, *Systèmes de survie. Dialogue sur les fondements moraux du commerce et de la politique*, traduit de l'anglais par Christiane Teasdale, Montréal, Boréal, 1995.

Johnson, Samuel, *Essays from the Rambler, Adventurer, and Idler*, W. J. Bate (dir.), New Haven, Yale University Press, 1968.

Jones, Deborah, « In a Few Decades, There Will Be No Fish », *The Globe and Mail*, le 29 octobre 2005, p. S1.

Jung, C. G., *Psychologie et Religion*, traduction de Marthe Bernson et Gilbert Cahen, Paris, Buchet/Chastel, 1994.

Jünger, Friedrich Georg, *The Failure of Technology: Perfection without Purpose*, Hinsdale, Illinois, Henry Regnery, 1949.

Kelly, John, *The Great Mortality: An Intimate History of the Black Death, the Most Devastating Plague of All Time*, Toronto, HarperCollins, 2005.

Kingsley, Charles, *The Water Babies*, Brian Anderson (dir.), Oxford, Oxford University Press, 2000. (Il existe une adaptation française, pratiquement introuvable.)

Kohler, Nicholas, « A Nation of Eco-Hogs », *Maclean's*, le 28 avril 2008.

Lang, Andrew, *The Blue Fairy Book*, New York, Dover, 1965.

Lean, Geoffrey, « Exposed : The Great GM Crops Myth », *independent. co.uk*, le 20 avril 2008. www.independent.co.uk/environment/green living/exposed-the-great-gm-crops-myth-812179.html

Leith, Sam, « Blair Believes He Can Do No Wrong : Ask the Antinomians », *Telegraph*, le 25 mars 2006. www.telegraph.co.uk/opinion/ main.jhtml ?xml=/opinion/2006/03/25/do2504.xml

Leonard, Elmore, *Zig Zag Movie*, traduit de l'anglais (États-Unis) par Michel Lebrun, Paris, Rivages, « Thriller », 1992.

Lerner, Gerda, *The Creation of Patriarchy*, épreuves non corrigées, New York, Oxford University Press, 1986.

Lovelock, James, *La Revanche de Gaïa. Préserver la planète avant qu'elle nous détruise*, préface de Crispin Tickell, traduction de Thierry Piélat, J'ai lu, « J'ai lu Essai », 2008.

Machiavel, Nicolas, *Le Prince*, traduit de l'italien par Jean-Vincent Périès (1825), préface de Denys Arcand, Montréal, Boréal, coll. « Boréal Compact », 1995.

Marlowe, Christopher, *Le Docteur Faust*, présentation, notes et chronologie de François Laroque, traduction par François Laroque et Jean-Pierre Villquin, Paris, GF Flammarion, 1997.

McCarthy, Michael, « The Great Migration Crisis », *Commondreams. org*, le 21 avril 2008. www.commondreams.org/archive/2008/04/21/8419/

McNeill, William H., *Le Temps de la peste. Essai sur les épidémies dans l'histoire*, traduit de l'anglais (États-Unis) par Claude Yelnick, Paris, Hachette, 1978.

Milton, John, *Paradis perdu*, traduit par Jacques Delille, nouvelle édition revue et corrigée, t. I, Paris, L. G. Michaud, libraire, 1820. http://books.google.ca

—, « Samson Agonistes », *John Milton: Selections*, Stephen Orgel et Jonathan Goldberg (dir.), Oxford, Oxford University Press, 1991.

Morell, Virginia, « Kings of the Hill », *NationalGeographic.com*, National Geographic Society, novembre 2002. http://ngm.nationalgeographic.com/ngm/0211/feature4/

O'Connell, Stephen A., « Debt Forgiveness : Plainer Speaking, Please », *Swarthmore College*, 2000. www.swarthmore.edu/SocSci/soconne1/documents/forgive.pdf

Olbrych, Jennie C., « Outrageous Forgiveness », *St. James Santee Episcopal Church Blog*, le 23 septembre 2004. http://stjamessantee.blogspot.com/2004_09_01_archive.html

Orwell, George, *1984*, traduit de l'anglais par Amélie Audiberti, Paris, Gallimard, « Folio », 1950.

« Owed Justice: Thai Women Trafficked into Debt Bondage in Japan », *Human Rights Watch*, 2000, Human Rights Watch. www.hrw.org/reports/2000/japan/

Polanyi, Karl, *La Grande Transformation. Aux origines politiques et économiques de notre temps*, traduit de l'anglais par Catherine Malamoud et Maurice Angeno, préface de Louis Dumont, Paris, Gallimard, « Bibliothèque des sciences humaines », 1983.

Redekop, Magdalene, *Ernest Thompson Seton*, Toronto, Fitzhenry & Whiteside, 1979.

Roe, Anthony, « Maintaining the Balance: Concepts of Cosmic Law, Order, and Justice », *White Dragon*, 1998. www.whitedragon.org .uk/articles/cosmic.htm

Saul, John Ralston, *Les Bâtards de Voltaire. La dictature de la raison en Occident*, traduit de l'anglais par Sabine Boulongne, Paris, Payot, « Petite Bibliothèque Payot », 2000.

Scott, James C., « Revolution in the Revolution: Peasants and Commissars », *Theory and Society*, vol. 7, 1979, p. 117.

Shakespeare, William, *Hamlet*, traduction de François-Victor Hugo. http://fr.wikisource.org/wiki/Hamlet

—, « Macbeth » dans *Théâtre complet de Shakespeare*, traduction de François-Victor Hugo, introduction, notices et notes par J.-B. Fort, tome troisième, Garnier Frères, « Classiques Garnier », 1964. http:// books.google.ca

—, *Le Marchand de Venise*, texte français de Jean-Michel Deprats, Paris, Sand, « Comédie française », 1987.

« The Small Hands of Slavery: Bonded Child Labour in India », *Human Rights Watch*, 1996. Human Rights Watch. www.hrw.org/reports/ 1996/India3.htm

Steiger, Paul, « By 2042, MIT Team Says: Collapse of World Economy Foreseen If Growth Goes On », *Los Angeles Times*, le 3 mars 1972.

Stutchbury, Bridget, *The Silence of the Songbirds*, Toronto, HarperCollins Canada, 2007.

Surowiecki, James, « The Coup de Grasso », *The New Yorker*, le 6 octobre 2003. www.newyorker.com/archive/2003/10/06/031006 ta_talk_surowiecki

Swatt, Barbara, « Themis, God of Justice », *Marian Gould Gallagher Law Library*, University of Washington School of Law, mis à jour le 31 octobre 2007. http://lib.law.washington.edu/ref/themis.html

Thackeray, W. M., *La Foire aux vanités*, roman anglais traduit avec l'autorisation de l'auteur par Georges Guiffrey, tome second, Paris, Librairie de L. Hachette et Cie, 1864. http://books.google.ca

« Thoth, the Great God of Science and Writing », *Mystae.com*. www. mystae.com/restricted/streams/scripts/thoth.html

Tierney, Patrick, *L'Autel le plus haut. Le sacrifice humain de l'Antiquité à nos jours*, traduit de l'anglais (États-Unis) par Bernard Seytre, Paris, Robert Laffont, 1991.

Traynor, Ian, « Europe Expects a Flood of Climate Refugees », *Guardian Weekly*, du 14 au 20 mars 2008, p. 1.

Ward, Olivia, « $ 3 Trillion Is Just a Part of the Cost », *Toronto Star*, 16 mars 2008, p. A15.

Webb, Mary, *Sarn*, traduit de l'anglais par J. de Lacretelle et M. T. Guérite, Paris, Bernard Grasset, « Le Livre de Poche », 1930.

« The Wheat Sheet: A New Era of Papermaking in Canada », publicité, *Markets Initiative*, le 15 mai 2008.

« Wildife Populations "Plummeting" », *BBC News*, 16 mai 2008. http://newsvote.bbc.co.uk/2/hi/uk_news/7403989.stm

Wright, Robert, *L'Animal moral. Psychologie évolutionniste et vie quotidienne*, traduit de l'anglais (États-Unis) par Anne Béraud-Butcher, Paris, Éditions Michalon, 1995.

Zola, Émile, *Germinal*, Paris, Fasquelle, coll. « Le Livre de Poche », 1969.

Remerciements

J'ai entrepris ce projet par amour. Je l'ai fait en particulier pour Anansi et son propriétaire, Scott Griffin : le courage dont il faut faire preuve pour relever les terribles défis de l'édition littéraire au Canada devrait être récompensé, même si, en général, il ne l'est pas.

D'autres remerciements s'imposent. Au premier chef, mes agents, Phoebe Larmore (Amérique du Nord) de même que Vivienne Schuster et Betsy Robbins (Royaume-Uni). Chez House of Anansi Press, Sarah MacLachlan et Lynn Henry. Chez Bloomsbury, Alexandra Pringle. Heather Sangster, infatigable correctrice. À la CBC, Philip Coulter et Bernie Lucht. Au collège Massey, le principal John Fraser et les deux assistants de recherche qu'il a si opportunément mis à ma disposition, Claire Battershill et Dylan Smith.

Merci à mes premiers et précieux lecteurs, Jess Atwood Gibson et Valerie Martin, de même qu'à Ramsay et Eleanor Cook, qui ont à juste titre inscrit « Inepties » dans certaines des marges. J'espère avoir retiré du livre les passages en question, même s'il y reste peut-être d'autres âneries leur ayant échappé. Merci à David Young et à Judith Timson, qui m'ont patiemment écoutée réfléchir à voix haute. Merci aussi aux membres du personnel de bureau d'O. W. Toad, Sarah Webster, Shannon Shields, Laura Stenberg, Penny Kavanaugh et Anne Joldersma, qui, lorsque tout semblait s'écrouler, ont empêché une déroute totale.

Et, enfin, merci à Graeme Gibson, qui comprend les équilibres et tolère les déséquilibres, y compris les miens quand j'écris.

Envers tous, j'ai une dette immense.

Table des matières

AUTRES TITRES AU CATALOGUE

Robert Fortier
Villes industrielles planifiées

Graham Fraser
Vous m'intéressez
Sorry, I don't speak French

Josh Freed
Vive le Québec Freed !

Alain-G. Gagnon et Raffaele Iacovino
De la nation à la multination

Robert Gagnon
Questions d'égouts

France Gascon
L'Univers de Saint-Denys Garneau

Danielle Gauvreau, Diane Gervais
et Peter Gossage
La Fécondité des Québécoises

Louis Gill
Économie mondiale et Impérialisme
Fondements et Limites du capitalisme
Les Limites du partenariat

Yves Gingras et Yanick Villedieu
Parlons sciences

Jacques Godbout et Richard Martineau
Le Buffet

Jacques T. Godbout
Le Don, la Dette et l'Identité
L'Esprit du don

Pierre Godin
La Poudrière linguistique
René Lévesque

Peter S. Grant et Chris Wood
Le Marché des étoiles

Allan Greer
Catherine Tekakwitha et les jésuites
Habitants et Patriotes

Madeleine Greffard
Portes ouvertes à l'École de la Rue

Groupe de Lisbonne
Limites à la compétitivité

Sylvie Halpern
Morgentaler, l'obstiné

Tom Harpur
Le Christ païen
L'Eau et le Vin

Jean-Claude Hébert
Fenêtres sur la justice

Jacques Hébert
Duplessis, non merci !
Voyager en pays tropical

Stanley Hoffmann
Une morale pour les monstres froids

Thomas Homer-Dixon
Le Défi de l'imagination

Michael Ignatieff
L'Album russe
La Révolution des droits
Terre de nos aïeux

Jane Jacobs
La Nature des économies
Retour à l'âge des ténèbres
Systèmes de survie
Les Villes et la Richesse des nations

Daniel Jacques
La Fatigue politique du Québec français
Les Humanités passagères
Nationalité et Modernité
La Révolution technique
Tocqueville et la Modernité

Stéphane Kelly
Les Fins du Canada
La Petite Loterie

Will Kymlicka
La Citoyenneté multiculturelle
La Voie canadienne

Guy Laforest
De la prudence
De l'urgence

Pierre Lamonde et Jean-Pierre Bélanger
L'Utopie du plein emploi

Gilbert Larochelle
L'Imaginaire technocratique

Jean Larose
La Souveraineté rampante

Daniel Latouche
Le Bazar
Plaidoyer pour le Québec
Politique et Société au Québec
Une société de l'ambiguïté

Daniel Latouche et Diane Poliquin-Bourassa
Le Manuel de la parole

Marc Laurendeau
Les Québécois violents

Adèle Lauzon
Pas si tranquille

Carl Leblanc
Le Personnage secondaire

Anne Legaré
La souveraineté est-elle dépassée ?

Josée Legault
L'Invention d'une minorité

Imprimé sur du papier 100 % postconsommation,
traité sans chlore, certifié ÉcoLogo
et fabriqué dans une usine fonctionnant au biogaz.

MISE EN PAGES ET TYPOGRAPHIE :
LES ÉDITIONS DU BORÉAL

ACHEVÉ D'IMPRIMER EN AVRIL 2009
SUR LES PRESSES DE MARQUIS IMPRIMEUR
À CAP-SAINT-IGNACE (QUÉBEC).